Historia de Corea

Una guía fascinante de la historia coreana, con episodios como las invasiones mongolas, la división en norte y sur, y la guerra de Corea

© Copyright 2020

Todos los derechos reservados. Ninguna parte de este libro puede ser reproducida de ninguna forma sin el permiso escrito del autor. Los revisores pueden citar breves pasajes en las reseñas.

Descargo de responsabilidad: Ninguna parte de esta publicación puede ser reproducida o transmitida de ninguna forma o por ningún medio, mecánico o electrónico, incluyendo fotocopias o grabaciones, o por ningún sistema de almacenamiento y recuperación de información, o transmitida por correo electrónico sin permiso escrito del editor.

Si bien se ha hecho todo lo posible por verificar la información proporcionada en esta publicación, ni el autor ni el editor asumen responsabilidad alguna por los errores, omisiones o interpretaciones contrarias al tema aquí tratado.

Este libro es solo para fines de entretenimiento. Las opiniones expresadas son únicamente las del autor y no deben tomarse como instrucciones u órdenes de expertos. El lector es responsable de sus propias acciones.

La adhesión a todas las leyes y regulaciones aplicables, incluyendo las leyes internacionales, federales, estatales y locales que rigen la concesión de licencias profesionales, las prácticas comerciales, la publicidad y todos los demás aspectos de la realización de negocios en los EE. UU., Canadá, Reino Unido o cualquier otra jurisdicción es responsabilidad exclusiva del comprador o del lector.

Ni el autor ni el editor asumen responsabilidad alguna en nombre del comprador o lector de estos materiales. Cualquier desaire percibido de cualquier individuo u organización es puramente involuntario.

Tabla de contenidos

INTRODUCCIÓN 1
CAPÍTULO 1 – TIERRA DEL OSO 3
CAPÍTULO 2 – EL DRAGÓN DEL MAR DEL ESTE 13
CAPÍTULO 3 – DINASTÍAS ASCENSO Y CAÍDA 24
CAPÍTULO 4 – LA DINASTÍA JOSEON DE GORYEO 35
CAPÍTULO 5 – INVASIONES EXTRANJERAS 48
CAPÍTULO 6 – COMERCIANTES, AGRICULTORES Y EXTRANJEROS ...60
CAPÍTULO 7 – DE LA INDEPENDENCIA A LA ANEXIÓN 69
CAPÍTULO 8 – COREA EN GUERRA 76
CAPÍTULO 9 – COREA DEL NORTE 89
CAPÍTULO 10 – COREA DEL SUR 102
CONCLUSIÓN 114
REFERENCIAS 117

Introducción

La península de Corea hoy en día se divide en dos, pero hubo una época en la que esta península se dividió en muchos estados. Con el paso del tiempo fue asediada por extensas dinastías que provenían de fuera de esta modesta tierra y numerosos clanes y tribus invadieron sus regiones. Ninguno de todos esos poderosos y codiciosos caciques logró prevalecer. La tierra está regada con la sangre de la gente que hizo posible Corea y es el pueblo coreano, que salió victorioso entre la vorágine de imperios liderados por tiranos odiados y guerras libradas por personas provenientes de tierras muy lejanas. Los coreanos son supervivientes, conocidos por su persistencia y valentía.

Como Corea había sido vista durante mucho tiempo como una puerta de entrada a otros países y al mar Amarillo, fue acosada durante años por países más grandes que estaban de camino hacia otro lugar, como China. También era un lugar deseado para aquellos que querían usarla como trampolín para controlar el comercio y colonizar los archipiélagos, los países más pequeños e islas alrededor del Océano Pacífico. Los países occidentales también tenían intereses en Corea. Querían limitar el control total del Pacífico a un solo país y abrir Corea al comercio. Como resultado de este enfrentamiento entre fuerzas rivales, Corea se aisló durante la segunda mitad del siglo XIX. En 1910, Japón anexionó Corea y la gobernó con puño de hierro, incluso hasta el punto de asimilar la cultura única de Corea en su propia cultura. En otras palabras, querían hacerla "desaparecer". Los coreanos, sin embargo, lucharon duramente para preservar su individualidad como nación. Evitaron el control de otras fuerzas, incluso amigas, con el fin de preservar su identidad cultural y política única.

A pesar de la dura lucha de Corea para seguir siendo una nación individual, finalmente se dividió en dos. Las naciones occidentales han hecho algunas propuestas para lograr la unificación y ver el fin del conflicto coreano. Sin embargo, hoy en día, tanto Corea del Norte como Corea del Sur quieren liderar ese esfuerzo y hacerlo a su manera. Aunque Corea consiguió la independencia tras dos guerras, el pueblo coreano lleva en su sangre el deseo de ser un país indivisible, y trabaja laboriosamente hasta que eso se pueda lograr de una manera aceptable para ambas partes.

Capítulo 1 – Tierra del Oso

La Puerta del Diablo

En la fría y oscura cueva de Chertovy Vorota, también conocida como la Puerta del Diablo, en el noreste de Rusia, yacía un cráneo, que había sido abandonado hace mucho tiempo a causa de los estragos de la época neolítica del 5700 a. C. Nadie sabe su nombre, pero alcanzó la fama cuando los genetistas encontraron un registro del origen racial y étnico de los coreanos que residían allí. Los primeros humanos de Corea pescaban salmón, bacalao y merluza en las gélidas aguas del Pacífico norte. Además, cazaban alces y venados. A diferencia de otros primitivos, eran intolerantes a la lactosa, por lo que no ordeñaban ninguno de los animales que cazaban. Los investigadores del genoma también indican que criaron productos agrícolas como el arroz y el trigo para compensar sus dietas ricas en proteínas. Esto se debió a la afluencia de hombres neolíticos del sudeste asiático, donde el periodo de desarrollo fue más largo. Las migraciones posteriores muestran que el grupo étnico chino de los han del oeste del río Amarillo emigró a la región, pero hay abundantes evidencias de que muchos chinos llegaron a Corea mucho antes (hace unos 9.000 años). Los chinos han eran uno de los grupos étnicos más grandes de la antigua China. También trajeron las deliciosas plantas de mandarina para propagar esta fruta. Con la llegada de los agricultores se produjo el desarrollo de los campos de arroz, que eran zonas segmentadas y escalonadas inundadas de agua para fomentar el crecimiento del arroz.

Las primeras personas en asentarse allí vivían en casas semienterradas que consistían en un techo de barro y paja sobre una zanja. O, como en el caso de la mujer de Chertovy Vorota, vivían en cuevas. Cocinaban su arroz y granos en tazas y cuencos de arcilla decorados con "patrones de peine". Este tipo de cerámica se originó durante el período Mumun, que duró del año 1500 al 300 a. C. Corea es en realidad el único lugar en el mundo donde se puede encontrar este estilo inimitable.

Al principio los mariscos eran abundantes a lo largo de la costa, pero los arqueólogos señalan que el suministro de mariscos disminuyó debido a la sobreexplotación y el crecimiento de la población. Las teorías apuntan a que esto pudo suceder durante el período Mumun tardío (550 al 300 a. C.).

La falta de mariscos dio lugar al crecimiento de la actividad agrícola. La agricultura se llevó a cabo principalmente en el sur de Corea, mientras que aquellos que vivían en la zona norte de la península potenciaron el consumo de carne y el pescado. Para comer sus alimentos, así como para tener armas, los coreanos crearon hachas, cuchillos y utensilios de cocina de bronce, que surge al fundir cobre y estaño. Estos metales eran vertidos en moldes de arcilla.

Songguk-ri

Songguk-ri es un sitio arqueológico que contiene solo reminiscencias de la civilización que vivió en la región centro-occidental de Corea del Sur en el período Mumun Medio y Tardío (c. 850 a 300 a. C.). Por la disposición de las casas semienterradas y la existencia de grandes muros en Songguk-ri, se ha llegado a la conclusión de que había divisiones entre las tribus que vivían allí. Las piedras verdes (principalmente jade) y las dagas de bronce intrincadamente diseñadas que se encuentran en los lugares de entierro parecen indicar que había jefes que, junto con sus familias, habrían dominado al resto de la población.

La existencia del muro Songguk-ri indica que hubo competencia y se produjeron conflictos entre los diversos clanes. Además, tenían una estructura social estratificada. Como se discutió anteriormente, los chinos emigraron a Corea. Entre el 475 y el 221 a. C., los estados de China estuvieron en guerra hasta que llegó la dinastía Qin. La mayoría de los migrantes coreanos eran del estado de Han. Estos nuevos habitantes trajeron sus hostilidades a Corea, y algunos de los asentamientos fueron quemados y posteriormente abandonados.

Dentro de las sociedades formadas por clanes individuales, hay evidencias que muestran que las élites de la población controlaban a sus súbditos a través de la distribución de tierras cultivables y demandas laborales. Lo más probable es que las clases altas les suministraran alimentos suficientes para sobrevivir. Los registros muestran que la comida para las clases nobles y la realeza era de una mayor calidad. Los investigadores han encontrado restos de pasteles de arroz y vino de arroz *(sake),* que se habrían considerado alimentos gourmet. Debido a que era principalmente una economía agraria, el control de la economía significaba el control de la gente. De esta manera los líderes proporcionaban incentivos para los productores de alimentos que tuvieran un mayor rendimiento en los cultivos.

Otra de las castas que surgió durante este período fue la dedicada a la producción artesanal. Además de objetos domésticos y armas, los coreanos producían cuentas hechas de jade. Estas cuentas se utilizaban a menudo como una especie de moneda. Todos tenían que rendir tributo a los líderes centrales, y usaban cuentas o trueque para hacerlo. Los artefactos encontrados incluyen espejos, joyas y una variedad de armas.

Más tarde, los artesanos coreanos fabricaron espadas especializadas. La espada más notable que se ha descubierto es la espada Liaoning, o de siete ramas. Este tipo de espada se originó en el norte de la península y luego se hizo popular en otras regiones. Los arqueólogos debaten sobre si fue utilizada como arma o no, aunque las inscripciones así parecen indicarlo. Los personajes están incrustados en oro, y en un lado de la espada se puede leer: "El uso de la espada repele a 100 soldados enemigos. Se otorga al señor duque".

¡Tenían calefacción!

Los inviernos coreanos son largos y fríos, especialmente en el norte. Para calentar sus casas construían un fuego en una zanja junto a la casa. Así el calor podía fluir hacia un pequeño sótano bajo las tablas del suelo. Las rocas se fijaban en la parte inferior del suelo para ayudar a retener el calor. Había una salida en el lado opuesto de la casa para colocar una estufa y un conducto con una chimenea independiente que canalizaba el humo. El sistema de calefacción se llamaba *ondol*, y se construía cuando se levantaba la casa.

Dado que el fuego se extinguía por la noche como medida de seguridad, las casas se enfriaban y estaban gélidas por la mañana. Aunque encendían esta especie de calefacción el aire de las habitaciones tardaba mucho tiempo en calentarse. La habitación más cercana a la fogata estaba muy caliente, mientras que la más alejada estaba mucho más fresca. A pesar de su precariedad, este sistema de calor era increíblemente sofisticado para una cultura primitiva.

Mito de la creación

Los antiguos historiadores en la China del siglo VII escribieron que un dios llamado Hwanung anhelaba vivir en los valles y montañas de la tierra. Era el hijo del *Señor de los Cielos*. A Hwanung se le concedió la ayuda de los espíritus de la lluvia, el viento y las nubes en su búsqueda de un territorio en la tierra, y descendió a la montaña Paektu con sus seguidores. Según la leyenda, un tigre y un oso se hicieron amigos de él. Los dos animales rezaron para convertirse en humanos, así que Hwanung los colocó en una cueva solitaria. Quien persistiera sin comida o agua más tiempo sería el ganador. Con el tiempo, el tigre se cansó, cedió a sus instintos más básicos, y dejó la cueva para cazar. Sin embargo, el oso persistió y lo convirtió en humano, en una mujer. Fue nombrada Ungnyeo y Hwanung se enamoró de ella. Se casaron y dieron a luz a un hijo llamado Dangun Wanggeom. Dangun se estableció en la zona norte de Corea con 3.000 seguidores y fundó el asentamiento de Gojoseon.

Los Tres Reinos: Goguryeo

Hacia el 18 a. C., Corea se había dividido en tres reinos prominentes: Goguryeo en la parte norte y central de la península y Baekje y Silla en el extremo sur.

Alrededor del 37 a. C., Goguryeo fue llamado por primera vez Gojoseon. Se dedicaron al comercio con los chinos han durante toda la Edad de Bronce. Debido a la similitud de su idioma con el japonés nativo (lengua japonesa), comerciaron con Japón e incluso aceptaron a algunos de ellos en su población.

Con el tiempo, Gojoseon se derrumbó tras una sucesión de descendientes de Dangun bastante débiles. Mientras estuvo gobernada por el rey Dongmyeongseong, o Jumong, la región fue renombrada Goguryeo (también escrita como Koguryo). Y se hizo más poderosa y más grande después de numerosas batallas contra las tribus chinas y nómadas de Manchuria, Mongolia y varias zonas de Rusia. Jumong era un autócrata militarista, y sus sucesores siguieron sus pasos. Hacia el 242 d. C., Goguryeo se había expandido hacia el norte y había duplicado su tamaño.

El uso del hierro para el armamento ayudó a los monarcas de Goguryeo a conquistar territorio desde China. El hierro era abundante en las rocas de Goguryeo. Podía ser derretido, pero no se podía verter en moldes como el bronce. En su lugar, tenía que ser manipulado con un martillo por un obrero metalúrgico mientras todavía estaba caliente. El hierro se volvió más deseable, ya que era mucho más fuerte que el bronce, que tendía a doblarse o romperse.

Los Tres Reinos: Baekje

Baekje fue el segundo de los tres reinos estables. Las leyendas cuentan una historia sobre el hijo del rey Jumong, Yuri, que era un alborotador con malos modales. Yuri huyó de casa cuando su padre estaba en guerra con los príncipes del reino. Cuando Jumong regresó se puso furioso. Para que su hijo y heredero pudiera ser redimido, Jumong enterró media espada y desafió a Yuri a encontrar la otra mitad. El objetivo de Jumong era que Yuri aprendiera a completar una tarea difícil. Cuando Yuri encontró la otra mitad de la espada, se reunió con su padre.

Después de la muerte de la esposa de Jumong, Jumong se casó con otra mujer llamada Soseono, con quien tuvo dos hijos: Onjo y Biryu. Ambos siempre fueron obedientes y leales. Como no tendrían herencia después de que su padre muriera debido a que Yuri había hecho las paces con su padre, Jumong hizo que fueran hacia el sur y crearan su propio estado. Los dos hermanos discutieron, como a menudo ocurre entre hermanos, y cada uno estableció su propio estado en la parte sur de Goguryeo.

Desafortunadamente, la zona de Biryu, llamada Sipje, era totalmente inadecuada para fundar poblados productivos porque estaba llena de marismas. Así que humildemente se mudó al estado vecino de su hermano, Baekje, al oeste. Este lugar se encontraba bajo la sombra de la gran montaña Bukhan, que se puede ver detrás de la actual ciudad de Seúl. Biryu no pudo soportar este profundo fracaso y se suicidó. Sin embargo, su generoso hermano, Onjo, dio la bienvenida a todos los parientes y súbditos de Biryu en su reino.

Onjo necesitaba expandir su estado para integrar a todos los recién llegados, por lo que tuvo que luchar con la confederación Samhan, más al sur, con el fin de crear un estado más grande. El mayor de estos estados-ciudad estaba gobernado por los reyes de la confederación Mahan, que era una parte de la mayor confederación Samhan. Cuando uno de los reyes mahanes se suicidó tras no poder defender su territorio contra las fuerzas de Onjo, pidió que Onjo tratara a su pueblo con misericordia. Onjo lo hizo, y poco a poco absorbió la región del Mahan en el Reino Baekje.

Mientras dirigía el estado de Baekje, los guerreros de Onjo tuvieron que defender continuamente sus tierras de los pueblos nómadas Malgal, o Mohe. Eran originarios de los distritos meridionales de Manchuria y a menudo saqueaban Baekje porque, alrededor del 5 a. C., gozaba de bastante prosperidad. Onjo demostró tener éxito en la defensa de sus tierras, lo que propició la sucesión de una larga línea de gobernantes.

Los Tres Reinos: Silla

En el 57 a. C., una antigua leyenda relata que una gran luz brillaba en un bosque oscuro como un foco. Un gran basilisco o "gallo dragón" se metió en la luz celestial y puso un gran huevo blanco del que eclosionó un bebé humano. Su nombre era Park (también conocido como Bak o Pak) Hyeokgeose, y fundó el magnífico estado de Silla al este de Baekje.

Las colinas y montañas de Silla contenían mucho oro, y la zona se convirtió en un refugio para los artesanos. Silla es conocida hoy en día por sus intrincadas joyas doradas. Las mujeres reales de este estado llevaban hermosos aretes dorados, mientras que los hombres poseían dagas ceremoniales doradas con tachones de jade y turquesa. Las coronas eran igualmente delicadas y consistían en una banda de oro con dos espigas de asta dorada y cuentas colgantes doradas.

Park Hyeokgeose llevó la corona hasta el 4 d. C., año en el que su hijo tomó el mando. Con el tiempo, se estableció una monarquía hereditaria, y el estado operaba como una sociedad feudal. Era una tierra de paz hasta que Silla y Baekje comenzaron a tener desacuerdos sobre los límites territoriales. Silla se alió con Goguryeo para protegerse. Con el tiempo, sin embargo, Goguryeo se expandió hacia el sur y estableció la capital en Pyongyang. En el 427 d. C., Goguryeo comenzó a expandirse aún más hacia el sur. Debido al trabajo del rey Nulji de Silla, se pudieron resolver las diferencias con Baekje y los dos estados unieron sus fuerzas armadas contra Goguryeo. Ambos estados condujeron al pueblo de Goguryeo más al norte, hacia el río Han en la localidad de Seúl, la capital de Corea del Sur.

Silla, al igual que los otros reinos coreanos, se regía por una línea hereditaria de gobernantes. El sistema de herencia del trono se basaba en el sistema de "rango de hueso", un sistema de castas que segregaba los niveles de la sociedad. El "hueso sagrado" era el rango superior, lo que significa que el gobernante tenía sangre real tanto por parte de su padre como de su madre. La obra más antigua sobreviviente de la historia escrita de Corea es el *Samguk Sagi* (o, en español, *Historia de los Tres Reinos),* que fue escrita en 1145 y se utiliza hoy en día como referencia para arqueólogos e historiadores. Según el *Samguk Sagi,* Sol Kyedu, hijo de un funcionario, dijo: "En Silla, el rango de hueso es la clave para el empleo".

Este sistema también se aplicaba a las mujeres. Aunque no era demasiado común que ellas tuvieran poder en Silla, en ocasiones estuvieron al mando, y la idea de "hueso sagrado" sirvió a su favor. En el año 632, no había descendientes masculinos, por lo que Seondeok gobernó Silla convirtiéndose en la primera reina. Al principio fue ridiculizada por los nobles, y el emperador Taizong de la dinastía Tang de China preguntó: "Si no tienes un líder apropiado, ¿te envío a un rey?". Con el tiempo, sin embargo, el pueblo coreano llegó a amarla. Estaba preocupada por el bienestar de su pueblo, y al comienzo de su reinado envió inspectores para que la informaran sobre las necesidades de su pueblo, específicamente de los ancianos, los pobres y los abandonados.

En la década de 1280 se escribió otro volumen histórico titulado *Samguk Yusa* (o, en español, *Recuerdos de los Tres Reinos*). A diferencia del *Samguk Sagi,* el *Samguk Yusa* fue un registro de las leyendas y creencias de las primeras sociedades de Corea. Según el *Samguk Yusa,* Seondeok tenía habilidades clarividentes. Declaró que tuvo una visión en la que había ranas blancas cantando junto al estanque de la Puerta de Jade. Dado que las ranas croan airadamente como soldados en una batalla, Seondeok interpretó esta visión como una señal de que ocurriría una gran batalla entre Silla y la gente del oeste (Baekje) y que Silla se alzaría con la victoria. La reina Seondeok les dijo a sus generales que buscaran enemigos infiltrados que estaban escondidos en los bosques cerca de Silla, preparándose para atacar. Sucedió justo como ella había dicho, y Silla se enzarzó en una guerra con el reino Baekje. Después de haber cogido a los guerreros Baekje por sorpresa, el ejército de Silla masacró a más de mil soldados.

Tras el mandato de Seondeok, la reina Jindeok tomó el trono. Ella quería ganarse el favor de la dinastía Tang en China. Envió un poema agasajando al emperador Gaozong, que decía "El Gran Tang creó el imperio celestial... gobierna sobre toda la creación y da brillo a todo: su profunda benevolencia sólo es igualada por el sol y la luna". Gaozong estaba muy halagado por el hermoso poema, por lo que la dinastía Tang de China se posicionó favorablemente hacia Silla.

Después de que Jindeok muriera en el 654, Muyeol ascendió al trono. El rey Muyeol fue un consumado estratega, e hizo una alianza militar con la dinastía Tang de China. En el 660, ambos conquistaron Baekje.

Munmu, el siguiente rey que asumió el cargo en 661, estableció un sistema educativo para instruir a todos sus funcionarios y fueron instruidos en los clásicos chinos. Munmu también es recordado por sus logros militares. En el 668 logró derrotar a Goguryeo, lo que significa que Munmu fue el primer gobernante en ver la península coreana unificada. Este período de unidad es conocido como Silla unificada o posterior. Munmu también tuvo que lidiar con la dinastía Tang durante su gobierno. En 674, el poderoso ejército del Tang intentó absorberles. Sin embargo, fueron derrotados dos años más tarde en el 676.

Llegados a este punto, Silla se había convertido en una gran potencia marina, ya que poseía una costa generosa a lo largo del océano Pacífico. Desarrolló el comercio con los países locales, incluido Japón. Sin embargo, el país nipón también se convirtió en una amenaza para Corea durante este período. Tenían un flujo constante de piratas que atacaban las ciudades portuarias, y algunas de las fuerzas japonesas asaltaron ciudades de Silla. Munmu estableció defensas a lo largo de su costa oriental, lo que ayudó a repeler a los invasores. Cuando comenzó a envejecer pidió que a su muerte lo sepultaran bajo el agua. Las creencias coreanas en el siglo VII indican que se pensaba que de esta manera podría convertirse en el "Dragón del Mar del Este" y continuar así protegiendo a su pueblo. Hoy en día, se puede ver una impresionante isla rocosa bajo la que se enterró el cuerpo del amado rey.

Capítulo 2 – El Dragón del Mar del Este

El Gran Ch'oyong

El *Samguk Yusa,* o *Recuerdos de los Tres Reinos,* contaba una historia sobre el Dragón del Mar del Este. El pueblo de Silla veneraba a la familia real, especialmente al rey Munmu, y contaba historias de sus logros junto con historias personales sobre sus pruebas y tribulaciones. Su historia, así como otras historias, se suceden a lo largo de este texto antiguo. Uno de los cuentos relata una historia sobre el Dragón del Mar del Este.

En el siglo IX, el rey de Silla, Heongang, no hizo sus ofrendas al gran Dragón del Mar del Este y las nubes envolvieron la tierra y el mar. Heongang era un rey humilde, y por eso preguntó a sus súbditos por qué el gran dragón había desatado su ira sobre él. Le dijeron que no había hecho sus ofrendas y que era negligente en sus meditaciones. Después de hacer las ofrendas esperadas, el Dragón del Mar del Este apareció ante el rey y sus siete hijos. Hubo una gran celebración entre la gente, llena de música y baile. Después de esta historia, el *Samguk Yusa* continúa con la historia sobre la desgracia de uno de sus hijos, Ch'oyong.

Ch'oyong regresó a casa después de la celebración para descubrir que un espíritu maligno había poseído a su esposa y atraído a otro hombre a su cama matrimonial. Según se relata en el *Samguk Yusa,* Ch'oyong dijo: "Habiendo llegado la noche a la capital iluminada por la luna, vuelvo a casa y en mi cama, he aquí, hay cuatro piernas. Dos eran mías; ¿De quién son las otras dos? Anteriormente dos eran mías; ¿qué deberá hacerse ahora que han sido tomadas? Ch'oyong estaba desconsolado por esto, pero se retiró con resignación silenciosa. Después de ese acto virtuoso, el espíritu maligno apareció ante él y dijo que estaba impresionado con la respuesta de Ch'oyong, que no era de rabia. El espíritu maligno prometió entonces que cada vez que se mostrara el semblante de Ch'oyong, el espíritu maligno no regresaría.

Budismo coreano

En el siglo IV, se introdujo el budismo en Corea. Se originó en la India y se difundió por China y Corea. Los budistas creen en cuatro verdades: 1) la existencia trae sufrimiento; 2) la causa del sufrimiento es el antojo; 3) hay una manera de poner fin al sufrimiento; y 4) uno necesita romper sus apegos terrenales. Eso conducirá al estado del nirvana, o a la felicidad perfecta. El medio por el cual se alcanza el nirvana es seguir el óctuple sendero o camino de ocho etapas, que consiste en la comprensión correcta, el pensamiento correcto, el discurso correcto, la acción correcta, el sustento correcto, el esfuerzo correcto, la conciencia correcta y la concentración correcta. Los coreanos añadieron un paso más a este camino: el requisito de resolver todas las disputas pacíficamente. El último paso refleja las lecciones derivadas de la lucha histórica de los tres reinos para unirse.

Confucianismo coreano

Durante el siglo IV, las creencias confucianas fueron llevadas a Corea a través de los chinos han. La mayoría de ellos vivía entonces en las zonas al norte de la península de Corea. El confucianismo es un sistema de creencias humanistas. No entraba en conflicto con otras religiones, sino que era más bien una estructura para entender cómo vivir en una sociedad pacíficamente. Se centra en el *ren,* que significa que se aprende a vivir la vida de tal manera que se promueve el orden, la paz, el amor por los demás seres humanos, la ética y el respeto por los padres dentro de la sociedad. La benevolencia y la compasión son virtudes que emergen de este paradigma y producen sabiduría. Su fundador, Confucio, apoyó la obediencia a las figuras de autoridad correctas y la observancia de rituales sagrados. Una vez dijo: "Dominarse a uno mismo y volver a la formalidad ritual es propio de un corazón humano".

La adoración de los antepasados se deriva de estas creencias, pero no es "adoración" *per se*; es más bien un reconocimiento de la contribución de generaciones anteriores que ha dejado una huella duradera en la mente y el corazón de los vivos. Había rituales específicos creados dentro de familias extensas para conmemorar la vida de los antepasados. Muchos todavía se practican hoy en día y no son vistos como una contradicción con otras religiones, incluso con el cristianismo.

La Edad de Oro

Corea, unificada en el 676, produjo muchas grandes obras maestras del arte y la arquitectura. Muchos de estos sitios todavía están presentes hoy en día y manifiestan la belleza distintiva de Corea durante los siglos VII y VIII.

La fortaleza Ansi es un ejemplo de cómo el resultado de las batallas está relacionado con la arquitectura. Goguryeo en Corea del Norte tenía hasta 2.400 fortalezas. Las fortalezas coreanas fueron construidas de manera muy diferente a las fortalezas chinas. Los coreanos usaban piedras que fueron cuidadosamente moldeadas en bloques oblongos; en su mayoría estaban hechos de granito extraído de la cantera de las montañas, y estos bloques se encadenaban con mucho cuidado. Los chinos, por su lado, utilizaban fortalezas de tierra. Aunque se construían mayormente con ladrillos, a veces utilizaban montículos de tierra. En el 645, cuando Goguryeo luchó contra la dinastía Tang de China en el asedio de Ansi, los chinos construyeron un montículo gigante desde el que lanzar un ataque. Como solo estaba hecho de tierra, se derrumbó. De ese modo, Corea prevaleció contra los Tang.

La gruta de Seokguram es otra pieza arquitectónica interesante. Fue construida en el 774 y todavía contiene una gran estatua de Buda que mira hacia el mar. La posición del Buda se relaciona con la historia de Corea, ya que las amenazas recurrentes a su tierra provenían de Japón y otros pueblos marinos. La gran estatua muestra a Buda con su mano derecha en la posición *dhyana mudra,* lo que indica que el flujo de energía desde dentro es de concentración. Su mano izquierda está en la posición *bhumisparsha mudra,* que simboliza la tierra. Así, Buda toca el espíritu de la vida y muestra la unidad, que recuerda la lucha coreana por permanecer unida. Hay una rotonda central dentro de la gruta con esculturas cuidadosamente talladas de *devas* (ángeles), *bodhisattvas* (estudiantes) y discípulos del gran Buda. Está hecho de granito de la cantera de las montañas orientales.

La gruta se combina con el complejo del templo Bulguksa, que está hecho de granito blanco brillante. Hay tres terrazas con barandillas de madera con pilares, y tres pagodas que están encaramadas en la parte superior. El complejo del templo Bulguksa, reconstruido en el 774, enseña a través de su arquitectura el viaje de un budista que llega al nirvana. Por ejemplo, dentro del templo hay dos salas, una de las cuales se llama el *Salón Sin Palabras.* Esto significa que la fe no se puede enseñar solo con meras palabras. Este templo ha sido sometido a muchas restauraciones a lo largo de los años y es considerado el templo budista más importante de Corea del Sur.

Las dos pagodas del Templo de Gameunsa, ubicado en la costa oriental de Corea, fueron construidas en el siglo VII para celebrar la victoria del rey Munmu sobre los chinos Tang y los piratas japoneses. Fueron erigidas a partir de múltiples piedras de granito oblongo. Las estructuras de piedra tienen un sistema de techo de tres niveles.

Originalmente, las pagodas eran utilizadas para los ritos de sacrificio. Las pagodas Gameunsa sobrevivieron a los estragos del tiempo y aparecen hoy en día en muchos de los folletos turísticos de Corea.

La cerámica también floreció durante la época dorada coreana. Las ollas y recipientes de este período muestran temas naturales, como hojas o flores. Es un diseño simplista, de trazo libre y abierto, ni complejo ni sujeto a patrones. Los alfareros pintaban cada una de sus piezas individualmente, y a menudo usaban uno o dos colores. Los pigmentos se fabricaban a partir de los minerales que se encuentran en las montañas.

No todo el arte tenía temas religiosos. En las finas tumbas de los nobles y reyes coreanos, hay murales gigantes que representan las actividades de la vida cotidiana de la pareja fallecida. Otros temas pintados en las paredes de las tumbas muestran las ocupaciones de la gente común, como la caza, la pesca y la agricultura. Hay frescos en estas tumbas que utilizan exquisitas técnicas decorativas para pintar flores de loto, peces, caballos, tigres, ciervos y dragones. El arte coreano muestra una influencia china, pero los temas la acercan a la historia de Corea porque usan menos pictogramas.

La influencia china favoreció la creación de la impresión en xilografía durante este tiempo. Los artesanos tallaron personajes en alto relieve en bloques de madera aplicando tinta a las secciones elevadas. Los personajes debían leerse de derecha a izquierda, como en una imagen de espejo. Los temas inicialmente trataban acerca de los *sutras* budistas, o dichos. El Gran Dharani Sutra es el primer ejemplo de bloques de madera coreanos y fue encontrado dentro del complejo del templo Bulguksa en Corea del Sur. Se considera que es el texto impreso más antiguo del mundo.

Balhae

Para escapar de las batallas de los tres reinos en Corea, muchas personas huyeron hacia el norte y se establecieron allí. Estaban relacionados étnicamente con el pueblo ruso manchuriano y oriental.

Despreciaron el gobierno de Tang y se unieron al pueblo nómada Mohe para liberarse del gobierno de Corea, que estaba fuertemente influenciado por la cultura Tang.

Dae Jo-yeong, un general de Goguryeo, tenía órdenes del último rey de Goguryeo de establecer un nuevo reino, y eligió el territorio al noreste de Corea para establecer su nuevo estado. Él y sus aliados Mohe tuvieron que derrotar primero a los chinos que ocupaban esa región. En el 698, él y su ejército derrotaron a los chinos Tang en la batalla de Tianmenling. Llamaron a su nueva tierra Balhae, que también aparece como Parhae en algunas fuentes académicas.

En 732, el segundo rey de Balhae, Mu, amplió aún más el territorio de Balhae. Una vez que se estableció por completo, Balhae estableció relaciones con Japón. Esta asociación se mantuvo durante años. Además de los funcionarios de Balhae, poetas, como Chongso e Injong, sirvieron como diplomáticos extranjeros. Balhae fomentó las artes, y aunque solo quedan unos pocos objetos de ese período, son majestuosos e imponentes. La zona es conocida por sus dos enormes faroles de piedra erigidos sobre enormes pilares.

El último rey de Balhae, Seon, amplió enormemente Balhae y conquistó algunas tierras de la actual Corea del Norte. Balhae también abarcó territorios del noreste actual de China y Rusia. Balhae se volvió tan fuerte que Silla tuvo que construir un muro en el 821 para evitar que Balhae invadiera su territorio.

Sin embargo, no quedan registros sobre Balhae después de que el rey Seon terminara su reinado en el 830, por lo que no se sabe qué sucedió después. Su nieto tomó el trono, pero los literatos no tienen mucha información sobre él. Lo que definitivamente se sabe es que los khitan se hicieron cargo de Balhae en el 926. Los khitan no eran un problema nuevo; habían asediado Balhae a lo largo de los años. Los historiadores debaten sobre su origen. Algunos conjeturan que provenían de Manchuria y Mongolia, mientras que otros sostienen que llegaron de la estepa euroasiática. Eran jinetes expertos, llevaban pieles, y eran muy hábiles con el arco y la flecha. Criaban ganado y eran carnívoros, lo que horrorizaba a los budistas vegetarianos, que los llamaban "bárbaros". Los khitan habían formado la dinastía Liao en el 916 y tenían su sede en China, cerca del río Yalu, que limita con Corea del Norte.

Aunque Balhae recibió ayuda de Goguryeo en el sur, su cultura y sociedad fueron destruidas por los khitan. Muchos de los pueblos de Balhae emigraron a Goguryeo porque los protegía y se decía que eran como un "país-matrimonio", lo que significa que el pueblo de Goguryeo tenía un sentimiento de parentesco con ellos. Aquellos que se quedaron en Balhae fueron gobernados por los khitan del Reino Dongdan, que más tarde fue anexionado por la dinastía Liao en el 936.

En el 946 estalló la montaña Paektu, que era un volcán. Se produjo una erupción pliniana (gas caliente) que envió humo y escombros hasta la estratosfera. Después de eso fue el flujo piroclástico o "nube ardiente" que envió enormes rocas y cenizas a la región. Esta erupción es una de las más poderosas de la historia. Después de eso, los registros antiguos no muestran ninguna información. Los historiadores, por lo tanto, concluyen que este tremendo desastre natural arrasó la mayoría de las tierras que alguna vez fueron conocidas como Balhae.

Los últimos tres reinos

Entre el 892 y el 935, Silla Posterior comenzó a desintegrarse. Bajo la administración de la reina Jinseong (gobernada 887 a 897), la corrupción había comenzado a penetrar en el gobierno. Los impuestos aumentaron para complementar el dinero que los funcionarios estaban malversando, y debido a la pesada carga fiscal, se produjeron hambrunas. Simultáneamente, también surgieron rivalidades políticas dentro de la administración. Las revueltas y la descentralización tuvieron lugar cuando el pueblo regional que residía fuera de la capital de Silla Posterior, Gyeongju, se unió para sobrevivir.

Aprovechando la lucha en el reino, algunos rebeldes trataron de revivir los reinos de Baekje y Goguryeo. Las diferencias culturales entre los tres estados también impulsaron esta separación. Goguryeo se alió con los chinos Tang y mostró las influencias de esa cultura. Baekje resucitó y fue principalmente una región comercial, pero la identidad de Silla fue forjada por las luchas internas entre los nobles y reyes que reclamaban el poder.

Baekje Posterior

El reino de Silla dio lugar a poderosos generales, uno de los cuales era Gyeon Hwon. En el 892, los campesinos habían sido severamente oprimidos y cargados con fuertes impuestos. Aprovechando su insatisfacción, Gyeon los unió y formó un poderoso ejército con el fin de derrocar a los gobernantes y nobles. Después de conquistar los grandes distritos de la ciudad de Wansanju y Mujinju, se declaró rey y la zona pasó a llamarse Hubaekje ("Baekje Posterior").

En el 927, Gyeon Hwon atacó el reino de Silla. Él y sus fuerzas arrasaron y el rey de Silla, Gyeongae, eligió suicidarse para dejar el reino en manos de Gyeon Hwon. Después de eso, Gyeon Hwon estableció un monarca títere en el trono antes de centrar su atención en Goryeo (que anteriormente había sido Goguryeo; ver más abajo). Lideró un ataque a gran escala en la actual ciudad de Andong, situada en la parte central oriental de Corea, pero perdió. Continuó intentando ganar el control, y se iniciaron batallas esporádicas entre Baekje Posterior y Goryeo.

Mientras sucedía esto, las luchas internas estaban destrozando el reino. Gyeon Hwon fue depuesto por su hijo, Gyeon Singeom, con la ayuda de otros de sus hermanos después de que Singeom hubiera sido propuesto como heredero al trono. Gyeon Hwon huyó a Goryeo, quien le acogió con los brazos abiertos por su experiencia militar.

Una vez que Silla se hubo rendido a Goryeo en el 935, se permitió que Gyeon Hwon fuera a conquistar Baekje Posterior ese mismo año. Al hacerlo, provocó la caída del mismo reino que fundó.

Goguryeo Posterior

Al igual que Gyeon Hwon de Baekje, Gung Ye, un monje tuerto, fue inicialmente un príncipe militar de Silla. En el 891 se unió a las facciones rebeldes y rápidamente se alzó con el poder. Era conocido por ser un líder cruel e inflexible. Era extremadamente ególatra y comenzó a referirse a sí mismo como la reencarnación del Buda Maitreya; el Buda Maitreya ocupa el lugar más prestigioso del budismo, incluso hoy en día. Durante el transcurso de su vida, ejecutó a su propia esposa y a dos de sus hijos, a quienes veía como rivales. También ejecutó a algunos de sus compañeros monjes cuando osaron reprenderle. Gung Ye, que tenía una naturaleza muy cambiante, se unió a otros caudillos antes de acumular suficiente poder para organizar su propia rebelión. En el 901 se posicionó en contra de los otros caudillos y se proclamó rey de Hugoguryeo (conocido como Goguryeo Posterior). Debido a su naturaleza errática, el nombre del país fue cambiado más tarde a Majin, y la capital fue trasladada a Cheorwon, una fortaleza situada en una región montañosa.

En el 911, el nombre del país fue cambiado una vez más, esta vez a Taebong. Dos años más tarde Gung Ye nombró a un primer ministro llamado Wang Geon, también conocido como Taejo de Goryeo. Algunos de los nobles de las familias gobernantes conspiraron con Wang Geon para organizar un golpe de estado. Mientras que muchos historiadores indican que se rebelaron debido a que tenían objeciones al mandato tiránico de Gung Ye, ellos mismos eran igual de belicosos cuando se les daba autoridad. Wang Geon y los nobles usurparon el trono de Gung Ye en el 918, y fue asesinado por uno de sus propios soldados o por campesinos después de haber escapado del palacio. Wang Geon fue colocado en el trono, y renombró el reino como Goryeo, también escrito como Koryo, que es de donde se deriva el nombre de Corea.

Silla Posterior

A principios del siglo IX los nobles habían acumulado un enorme poder en Silla. La gente estaba muy descontenta por la carga fiscal y los constantes conflictos que estallaron en las diferentes regiones de Silla. Hubo hambrunas causadas por los altos impuestos que los nobles recaudaban, y no había un sistema para abastecer a la gente con alimentos y granos cuando sus cosechas fallaban. Mientras los nobles luchaban entre sí, todo el estado de Silla empezó a desintegrarse. El resultado es que Silla comenzó a perder gran parte de su pueblo, que decidió mudarse a otras partes de Corea, China e incluso Japón.

Un joven llamado Jang Bogo, que destacaba por su integridad, se posicionó a favor del pueblo coreano. Jang estaba estudiando artes marciales en China y pudo ver cómo la gente de Silla que había huido estaba siendo maltratada por los chinos. Algunas de sus mujeres fueron secuestradas y vendidas como esclavas, los piratas asaltaron sus barcos y los bandidos vagaban por las ciudades. Cuando el pueblo Silla conoció a Jang Bogo, quedó impresionado con su caballerosidad y rectitud. Incluso le pidieron que los dirigiera y defendiera. En el 825, Jang estableció una pequeña flota privada, y en el 827 presentó una petición al rey de Silla, Heungdeok, para construir una fortaleza a lo largo de la costa para proteger a los pescadores. Gracias a sus habilidades, se desarrolló una próspera industria marítima en el mar Amarillo. Su flota aumentó sustancialmente, y los pescadores y comerciantes de Silla hicieron negocios no solo con los comerciantes Tang, sino también con persas y árabes. Jang fue un negociador magistral, y sus barcos explotaron lo que se llama la Ruta marítima de la seda, que se extendía por la costa de Corea y la costa del sur de China, a lo largo de Vietnam, y alrededor de la India, entre otros lugares. Como resultado el comercio de especias prosperó durante esta época.

En Silla, sin embargo, hubo batallas de sucesión encadenadas. Los reinados de los reyes del 828 al 927 fueron muy efímeros, ya que cada uno hizo la guerra a sus predecesores. El territorio también fue atacado con frecuencia por otras fuerzas, sobre todo las de Gyeon Hwon de Baekje Posterior y Taejo de Goryeo. Gravemente debilitado por las guerras, el último rey de Silla, Gyeongsun, abdicó y entregó el trono a Wang Geon. Baekje Posterior pronto siguió su ejemplo.

Así, los tres reinos se reunieron de nuevo en el 935. La mayor ventaja de esta reunificación fue el hecho de que los tres elementos culturales se fusionaron y crearon la base para el surgimiento de Corea como país.

Capítulo 3 – Dinastías Ascenso y Caída

La dinastía Goryeo

Una vez que los últimos tres reinos estuvieron bajo el control de Wang Geon, se estableció lo que se conoce como la dinastía Goryeo. El poder de las familias nobles había sido un problema perenne en la península. Wang Geon era un hombre de paz que buscaba la unidad para crear una sociedad ordenada, haciendo del país una tierra fértil para las artes y el budismo. Inteligentemente, se casó con mujeres de todas las familias nobles y tuvo 25 hijos y 9 hijas con ellas. Wang Geon estableció un sistema jerárquico de administradores y aprobó reformas para fortalecer la autoridad monárquica. Además, liberó a prisioneros de guerra del tumultuoso período de los conflictos entre los antiguos reinos. Se trataba de una medida estratégica, ya que aumentó la base imponible y ayudó a sanear la Hacienda.

El tercer hijo de Wang Geon, Jeongjong, formó un enorme ejército de 300.000 hombres para defender el territorio de Goryeo contra los problemáticos khitan, cuyo imperio era el más poderoso en ese momento. El cuarto hijo de Wang Geon, Gwangjong, inició relaciones con la enorme dinastía Song en China en el 962 para que le ayudaran a mantener a los nómadas khitan fuera de Goryeo.

Aparte de eso, Gwangjong continuó haciendo reformas y creó una burocracia sistemática y examinó la administración pública para asegurar que el país tuviera un liderazgo capaz y bien informado con roles de trabajo claramente definidos.

Seongjong, que heredó el trono en el 981, se centró en la educación en Goryeo y fundó la Universidad Gukjagam en el 992, que ayudó a promover la filosofía confuciana. La biblioteca de la universidad estaba repleta de clásicos chinos, así como textos sobre ciencias y matemáticas.

La guerra de Goryeo-Khitan

Durante el reinado de Seongjong, el molesto imperio Liao volvió a levantar la cabeza. En el 993 atacaron la frontera noroeste de Goryeo. Al ver que sus tropas eran ampliamente inferiores en número, Seongjong pidió negociar los términos de paz y envió a su negociador, Seo Hui, para reunirse con el comandante khitan, Xiao Sunning. Xiao le dijo a Seo: "Soy un noble de un país poderoso. Usted debe inclinarse antes de entrar en mi tienda". Seo se opuso, diciendo que tal comportamiento no era apropiado para dos enviados. Xiao se sorprendió por el coraje de Seo y sugirió que los dos se sentaran como iguales y discutieron los términos.

Goryeo acordó tres términos en el tratado: 1) el cese de las relaciones con la dinastía Song, 2) el pago de un tributo anual, y 3) la adopción del calendario de Liao. Goryeo aceptó todos menos uno de los términos del acuerdo: la relación con la dinastía Song. Este era un problema importante para los khitan, ya que el imperio Liao era enemigo de los Song.

El tratado, firmado en 993, duró hasta 1009, que fue cuando los khitan atacaron de nuevo Goryeo. El rey de Goryeo en ese momento era el rey Mokjong. Sin embargo, la intriga política en Goryeo contaminó el liderazgo, permitiendo que se produjera un golpe de estado bajo el general Gang Jo, que asesinó al rey Mokjong y estableció un gobierno militar. Los khitan fueron torpes y atacaron en este momento, afirmando que estaban vengando al rey muerto, pero lo más probablemente es que tuvieran la esperanza de provocar algo de la agitación interna. Como resultado del conflicto la capital fue destruida. Sin embargo, los khitan no pudieron obtener el punto de apoyo deseado necesario y se vieron obligados a retirarse. Sabiendo que los khitan atacarían de nuevo, el rey Hyeonjong, que había sido colocado en el trono por Gang Jo, intentó entablar negociaciones de paz con el imperio Liao. Pero el imperio exigía demasiado -querían áreas clave de la región norte a cambio de la paz, lo que les habría dado un punto de apoyo en Goryeo- y las hostilidades entre las dos potencias se reavivaron. Los ataques sucesivos continuaron a lo largo de las regiones fronterizas en los años 1015, 1016 y 1017. Tras cada ofensiva los dos bandos se retiraban y reparaban sus fortificaciones fronterizas. No se llegó a ninguna resolución, por lo que los ataques esporádicos continuaron.

En 1018, los soldados khitan cruzaron el puente hacia el territorio de Goryeo, pero se encontraron con una emboscada. Los khitan marcharon hacia el río Yalu. Cerca del asentamiento de la guarnición de Heunghwajin, había un pequeño arroyo. El general Gang ordenó bloquearlo con pieles de vaca y, cuando estaban a mitad de camino, ordenó que la presa fuera destruida. Miles de khitan murieron ahogados.

Una vez que los khitan se reorganizaron, marcharon hacia la capital de Goryeo. Sin embargo, los guerreros Goryeo presentaron una batalla feroz, y les forzaron a replegarse de vuelta al norte. Gang Gam-chan les esperó en la fortaleza de Gwiju. No existen muchos detalles sobre esta batalla, pero se sabe que los khitan fueron casi completamente aniquilados. Después de esta batalla, el imperio Liao y Goryeo disfrutaron de la paz hasta que el imperio Liao cayó en 1125.

El muro de los Mil-li

Un *li* es una unidad tradicional de distancia en China, y ha sido utilizado por otros pueblos asiáticos a lo largo de los años. Las medidas de este muro han cambiado con el tiempo, pero medía unos 323 metros cuando se construyó el muro, y hoy en día mide alrededor de 500 metros.

Después de la guerra de Goryeo-Khitan, Goryeo erigió este inmenso muro, que fue construido entre el 1033 y el 1044. Conectaba las fortalezas septentrionales de Goryeo, y una parte de él permanece hoy en día.

Las invasiones del pueblo de Jurchen

Los jurchen eran una tribu de pueblos agrarios que se establecieron en la tundra siberiana-mongol. También eran conocidos como el "pueblo de los renos". Sin embargo, durante el siglo XI, fueron vasallos del imperio Liao. En ese momento, los khitan de la dinastía Liao habían tratado de avanzar hacia Goryeo en busca de tierras más cálidas. Su técnica de destrucción agrícola de "cortar y quemar" atrofió el crecimiento de sus cultivos de granos, y se vieron en la necesidad de reubicarse. Los jurchen vivían en áreas del continente chino como una minoría, pero en 1104 se hicieron más fuertes y se agruparon alrededor del norte de Goryeo. A menudo asaltaban las tierras del norte de Goryeo durante la época de la guerra de Goryeo-Khitan.

Una vez terminada la guerra, el experimentado general militar Yun Gwan se acercó al rey Sukjong de Goryeo para reorganizar un segmento del ejército de caballería y fuerzas terrestres, que llegarían a ser conocidos como los Byeolmuban, para expulsar a los jurchen. En 1107 invadió el territorio de Jurchen al norte de Goryeo. Inicialmente, obtuvo resistencia del pueblo enfurecido, pero regresó y logró erigir con éxito nueve fortalezas en la frontera norte. En 1108, llegaron a un acuerdo y las fortalezas fueron abandonadas a cambio de un pacto de no agresión.

Los jurchen entonces dirigieron su atención a la dinastía Liao, ya que deseaban acabar con su estatus de vasallos. En 1114, los jurchen atacaron y la sometieron para apoderarse después de regiones del noreste de China. La batalla culminó con el establecimiento de la dinastía Jin en China. En 1125, los jurchen habían logrado someter a los khitan, poniendo fin a la dinastía Liao.

Sin embargo, de 1189 a 1234 (el año en que terminó la dinastía Jin), los jurchen estuvieron involucrados en batallas con los mongoles. Al principio, los jurchen de la dinastía Jin asaltaron constantemente la propiedad de los mongoles, que moraban en las estepas del sur. Los Jin destruyeron los arrozales y mataron a las familias que cultivaban el arroz. Los mongoles respondieron con la misma moneda, y en 1211, el gran Genghis Khan llegó arrasando después de haber unido a muchas de las diversas tribus nómadas de Mongolia en una fuerza gigante de guerreros. En 1234, su poderoso líder, el tercer hijo y sucesor elegido de Genghis Khan, puso fin a la dinastía Jin, repitiendo las palabras de su padre: "El cielo eterno nos ha prometido victoria y venganza".

El barrido mongol

Durante la vida de Genghis Khan, la relación entre Goryeo y los mongoles fue bastante pacífica. Goryeo había ayudado a los mongoles en algunas batallas con los chinos que estaban más al norte, y los mongoles ayudaron a Goryeo a someter a los khitan cuando intentaron invadir Goryeo mientras huían de la horda mongola.

Sin embargo, en 1225 esto cambió. El imperio mongol comenzó a exigir tributos, y cuando el enviado mongol fue asesinado, los mongoles se prepararon para la guerra. En 1231 ordenaron un ataque contra Goryeo. Los mongoles conquistaron la ciudad de Anju, mientras que las fuerzas de Goryeo se defendieron en Kuju, ciudades que hoy se ubicarían en el norte de Corea del Norte. Goryeo había adoptado el uso de la torre de asedio de los antiguos romanos, que consiste en una torre de madera con escaleras en el interior para ayudar al ejército a montar una muralla para proteger la ciudad.

También emplearon carros y lanzaron flechas con trozos de carne humana en llamas hasta que los mongoles se vieron obligados a retirarse de Kuju. El general Saritai del ejército mongol corrió hacia el suroeste. Eran expertos con el arco y la flecha y conformaban una fuerza extremadamente móvil que usaba caballos Akhal-Teke asiáticos muy resistentes que estaban acostumbrados al frío. Los mongoles capturaron la capital de Goryeo, Kaesong. El rey de Goryeo, Gojong, se dio cuenta de que los mongoles eran unos guerreros magníficos y que representaban un enorme desafío para sus fuerzas, por lo que pidió la paz. Sin embargo, el tributo que los mongoles exigían era ridículamente alto, por lo que Gojong instó a sus hombres a continuar la lucha. A pesar de las súplicas de su rey, el general militar de Goryeo, Choe U, decidió trasladar al rey y a su familia, así como a la mayoría de la población, a la isla de Ganghwa, ya que sabía que los mongoles tenían supersticiones sobre el mar.

Molestos por este movimiento de Goryeo, los mongoles lanzaron otro ataque. Las sucesivas oleadas de fuerzas mongolas destrozaron su camino hacia el sur a través de Goryeo, y aunque los mongoles intentaron en varias ocasiones capturar la isla, que estaba bien fortificada, no pudieron hacerlo. Los dos bandos se enfrentaron en la ciudad de Cheoin, situada cerca de la actual Yongin en Corea del Sur. El general Saritai de los mongoles fue asesinado por el monje Kim Yun-hu. Después de la muerte de Saritai, las fuerzas mongolas entraron desordenadamente y se retiraron.

Aunque no habían capturado todas las ciudades que esperaban, los mongoles destruyeron cultivos y tierras de cultivo empleando la táctica de la tierra quemada. Esto significaba que no solo se prendían fuego a las tierras de cultivo, sino que destruyeron los edificios auxiliares, incluidos los graneros, los establos y las casas. Los agricultores y sus familias también fueron asesinados si se resistían, así como sus animales.

En 1238, el rey Gojong, que estaba destinado en la isla de Ganghwa, accedió a la exigencia de los mongoles de que enviara a miembros de su familia real como rehenes a su corte. Sin embargo, no cumplió con la promesa. En su lugar, el rey envió a un miembro lejano de la familia. Su estratagema no funcionó, y los mongoles insistieron en que la administración de la isla de Ganghwa se mudara al continente y que entregara a los miembros de la familia real como rehenes. El rey Gojong se negó de nuevo y les envió más familiares lejanos en su lugar. En 1247, los mongoles enviaron a uno de sus caudillos más feroces, Amuqan, a Goryeo. Luego, él y sus fuerzas saquearon y devastaron la mayor parte posible de la península de Corea. Algunos de los funcionarios de Goryeo se mudaron al continente, pero el rey todavía se negó a ceder a sus demandas.

En 1251 se convirtió en el jefe del imperio mongol. Sin embargo, el estancamiento de las negociaciones de paz con Goryeo continuó. Después de mucha resistencia y ataques de los mongoles, el rey Gojong finalmente cedió y trasladó su corte de nuevo al continente. El rey Gojong envió a su hijastro, Angyeong, como rehén, y los mongoles acordaron un alto el fuego en 1254. Sin embargo, los mongoles se enteraron de que todavía había oficiales de Goryeo en Ganghwa, y una vez que Mónke Khan descubrió que el adolescente no era un pariente de sangre, no hubo manera de impedir que los mongoles atacaran. Mató a un general coreano promongol llamado Lee Hyeong y a su familia en protesta. Su general militar, Jalairtai, destruyó tierras y los edificios en Goryeo como castigo. Muchos de los campesinos de Goryeo se rindieron debido a la desesperación y el hambre.

En 1258, el clan Choe quería continuar la guerra contra los mongoles, a pesar de las escasas probabilidades de ganar. Sin embargo, un partido político de Goryeo alentó al partido de los literatos, que estaba en contra de la guerra, a organizar un contragolpe y asesinar al jefe del clan Choe. El partido de los literatos era un grupo de eruditos protegidos por los miembros del clan, y era su función prestar consejos políticos basados en sus estudios y sabiduría. Por su consejo, el jefe del clan Choe fue asesinado y se acordó un tratado de paz con los mongoles. El rey Gojong envió a su heredero, Wonjong, como rehén. Además, como parte del acuerdo entre Goryeo y los mongoles, el rey de Goryeo tuvo que casarse con una princesa mongola y ser subordinado a sus señores mongoles. Por su parte, los mongoles garantizaron la autonomía de Goryeo con Wonjong a la cabeza. El rey Gojong murió al año siguiente en 1259 y Goryeo tuvo que aceptar convertirse en un estado vasallo de los mongoles.

En 1271, se estableció la dinastía Yuan bajo el quinto *khagan*, o líder de los mongoles, Kublai Khan. Adoptaron una administración al estilo chino, pero conservaron algunas de sus prácticas mongolas. La aristocracia mongola y los miembros de la familia real de Goryeo se casaron a lo largo de los años en aras de la unidad.

A finales del siglo XIII, la historia de la dinastía Yuan y Goryeo se superponían. Kublai Khan fue expansionista y trató de conquistar la dinastía Song en China y las islas de Japón.

Relaciones Goryeo-Mongolia

En 1274, después de la muerte del rey Wonjong de Goryeo, su heredero, Chungnyeol, se casó con la hija de Kublai Khan, Jangmok. Esa unión llevó a la península de Corea a un período de mongolización, ya que el sistema judicial se estableció de acuerdo con la jerarquía administrativa de la dinastía Yuan. Los matrimonios continuaron a lo largo de la línea imperial. El pueblo no imperial de Goryeo, el pueblo común, junto con los chinos Han, eran la subcultura más grande de China en ese momento.

El tributo que Goryeo rindió a los mongoles consistió en oro, plata, textiles, grano, ginseng y halcones. En términos de personal, los coreanos proporcionaron soldados, eunucos, mujeres de palacio y monjes budistas. Además, las concubinas de Goryeo también atendieron a los aristócratas mongoles.

Los mongoles ya habían absorbido China continental además de Goryeo, pero estaba decidido a extender su imperio a Japón. En

1274, Kublai Khan exigió las habilidades de los constructores navales y artesanos de armas de Goryeo para proporcionar a sus fuerzas suministros para llevar a cabo una invasión. Un gran número de los hombres de Goryeo fueron puestos al servicio como tropas terrestres y marineros. Goryeo suministró hasta 770 barcos, todos tripulados, y 5.000 fuerzas terrestres. Además 10.000 soldados de infantería fueron equipados con 900 barcos para hacer un desembarco en Japón. Sin embargo, el esfuerzo fracasó. Kublai lo intentó de nuevo en 1281, pero tampoco tuvo éxito debido a un tifón. En el mismo año, la esposa favorita de Kublai murió y él se quedó abatido. Además, la dinastía Yuan atravesaba por graves dificultades financieras provocadas por la corrupción y los gastos perennes de las guerras. En 1294 murió Kublai Khan y fue sucedido por nueve khans de corta duración hasta el ascenso de Toghon Temür.

Toghon Temür se enamoró de Lady Ki, una concubina coreana, y esto produjo un gran conflicto. Se esperaba que los emperadores mongoles se casaran solo con mujeres mongolas, por lo que cuando trató de promover a Lady Ki como esposa secundaria se produjo un malestar público. En 1339, Lady Ki dio a luz a un hijo, lo que le permitió a Toghon Temür concederle a Lady Ki el estatus que quería darle. Este hijo, Ayushiridara, fue nombrado su heredero. Lady Ki fue políticamente manipuladora y trabajó constantemente para promover no solo a los miembros de su familia sino también a otras personas de Goryeo.

En 1354, uno de los generales mongoles lideró un ataque contra los Turbantes Rojos, un grupo que buscaba reducir el poder de los mongoles. Toghon Temür estaba aterrorizado por la idea de que este general usara su fuerza para aplastar a la dinastía Yuan, que se había debilitado con los años, por lo que lo despidió repentinamente. Esto podría haberle ayudado a recuperar algo de poder, pero también significó que Toghon Temür tenía que depender de los caudillos locales para recibir ayuda en asuntos militares.

Poco después, cuando Toghon Temür perdió interés en la política, su hijo, Ayushiridara, conocido como Biligtü Khan, trató de ganar el poder. Se había convertido en el príncipe heredero en 1353, pero a pesar de su título entró en conflicto con los ayudantes de Toghon Temür, que poseían el verdadero poder del imperio. La dinastía Yuan comenzó a desmoronarse en esta etapa, y fue derrocada por la dinastía Ming de China en 1368, liberando a China y Corea del gobierno mongol. Entonces se formó la dinastía Yuan, que se asentó en la meseta de Mongolia.

Rebelión del Turbante Rojo (1351-1368)

El ejército del Turbante Rojo fue fundado por Guo Zixing y estaba formado por seguidores del Loto Blanco, un movimiento religioso que era popular entre los chinos han. Las rebeliones eran pequeñas y esporádicas, al menos en los inicios, y trataron de liberar China del control de los mongoles. El país estaba siendo víctima de desastres naturales, hambruna y pobreza. Y por ello los chinos llegaron a la conclusión de que sus señores mongoles habían perdido el "mandato del cielo", es decir, la aprobación divina.

Cuando el rey Gongmin de Goryeo vio los esfuerzos de los chinos para librar al continente de los mongoles y de la dinastía Yuan, Gongmin quiso hacer lo mismo en Goryeo. Destituyó a todos los oficiales, nobles y personal militar que fueran partidarios de los mongoles. En 1356, su ejército anexionó las provincias del norte de Goryeo, que habían sido totalmente ocupadas por los mongoles. Sin embargo, en 1359 invadieron Goryeo y retomaron las provincias del norte, junto con su capital, Pyongyang. Poco después fueron expulsados de la ciudad.

Después de esto, querían poner la península de Goryeo bajo control chino y absorberla en la futura dinastía Ming. En 1360, el general Choe Yeong derribó al ejército del Turbante Rojo. Choe Yeong se hizo muy popular cuando fue nombrado alcalde de Pyongyang y aumentó la producción de cultivos, evitando el hambre de la población.

Cuando vio la creciente fuerza de Choe Yeong, Lady Ki (ahora Emperatriz Ki) de una dinastía Yuan en declive, envió tropas bajo las órdenes de Choe Yu para derrocar a Goryeo. Choe Yeong, sin embargo, derrotó a las tropas mongolas, que fueron el último vestigio del régimen yuan. Yeong estableció así la independencia de la dinastía Goryeo en 1364.

En 1368, de vuelta en China, la rebelión del Turbante Rojo obtuvo la victoria, y su líder, Zhu Yuanzhang, estableció la dinastía Ming.

Capítulo 4 – La dinastía Joseon de Goryeo

Después de haber purgado el gobierno de mongoles, el rey Gongmin de Goryeo trató de establecer relaciones con la dinastía Ming de China, pero la burocracia lo culpaba por querer hacerlo. Querían un Goryeo independiente porque tenían miedo de perder su estatus. En 1374, el rey Gongmin fue asesinado por su esposa y su amante. Su hijo, U, también escrito como Woo, se convirtió en el siguiente rey de Goryeo a la edad de once años.

En 1388, con el apoyo del rey U, el general Choe Yeong decidió intentar invadir la península de Liaodong, una península en el noreste de China. Yi Seong-gye, también conocido como Yi Dan, que fue colega de Choe Yeong durante la invasión del ejército del Turbante Rojo, aconsejó enérgicamente ese movimiento, afirmando que los Ming eran mucho más fuertes que Goryeo y que también estaba en contra de la forma de pensar confuciana. Además, Goryeo sería vulnerable a los piratas japoneses y a la próxima temporada de monzones. Yi, que había sido elegido para liderar la invasión, se negó a poner en peligro a sus tropas y regresó al sur.

En cambio, Yi Seong-gye fue a la capital y derrotó a las fuerzas que todavía eran leales al rey y que estaban dirigidas por Choe Yeong. Yi disfrutó de mucha popularidad entre los funcionarios del gobierno y la población general, por lo que no fue demasiado difícil para él eliminar a su oponente, Choe Yeong. En lugar de tomar el poder para sí mismo, Yi Seong-gye dio el trono al hijo del rey U, Chang. Un poco más de un año después, Yi Seong-gye envenenó tanto a U como a Chang, dando el trono a otro gobernante, Gongyang, antes de apoderarse del trono él mismo en 1392.

Yi quería mantener el nombre de Goryeo para el país, pero fue persuadido para cambiarlo. Yi Seong-gye entonces eligió el nombre Joseon para la nueva dinastía, que había sido el nombre del estado anterior, y se hizo conocido con el nombre de Taejo de Joseon. No debe confundirse con su homónimo, Taejo, que gobernó Goryeo en el siglo X.

La disputa viciosa sobre la sucesión

Lo primero que hizo Taejo fue mandar enviados a la dinastía Ming de China, al reino Ryukyu de Japón -un archipiélago que estaba al sur- y a Siam (Tailandia). Su capital era Hanseong, la Seúl actual.

Como segunda tarea, Taejo decidió que la línea de sucesión debía determinarse teniendo en cuenta sus ocho hijos. Su quinto hijo, Yi Bang-won, habría sido la opción más lógica porque contribuyó a establecer la organización del nuevo gobierno. Sin embargo, era un hecho bien conocido que Bang-won tenía animadversión hacia el primer ministro de Taejo, Jeong Do-jeon, por lo que Taejo eligió a su hijo menor, Yi Bang-seok, como su heredero. Jeong Do-jeon apoyó su elección. Después de la muerte de la esposa de Taejo, Jeong Do-jeon trató de matar a los otros hijos de Taejo con el fin de asegurar su posición. Sin embargo, Yi Bang-won se enteró de este plan, y en 1398 mató a Jeong Do-jeon, a sus seguidores y a dos hijos de la reina, incluyendo al príncipe heredero. Taejo estaba horrorizado de que su hijo, Yi Bang-won, hubiera matado a sus hermanos, por lo que escogió como su heredero a su segundo hijo, Yi Bang-gwa, más tarde conocido como el rey Jeongjong. Taejo se retiró poco después.

El rey Jeongjong era más fácilmente intimidado por Yi Bang-won que su padre, y le dio la corona a Yi Bang-won después de una exitosa rebelión de sus fuerzas en 1400. El rey Taejo, que aún estaba vivo, se abstuvo en el acuerdo real y se negó a reconocer a Yi Bang-won, quien asumió el trono bajo el nombre de Taejong. Sin embargo, esto no impidió que Yi Bang-won se convirtiera en rey, y cuando el rey Taejo murió en 1408, no hubo nada que parara al rey Taejong.

Cambios administrativos

Uno de sus primeros actos del rey Taejong fue abolir los ejércitos privados mantenidos por los aristócratas. Con ellos creó un grupo de soldados entrenados con los que estableció un ejército nacional. Su segunda acción fue reformar la fiscalidad. Durante el proceso de ordenar la propiedad de la tierra, descubrió terrenos que se habían ocultado a las autoridades para que los propietarios pudieran evadir impuestos. Una vez descubierto ese subterfugio, aumentó considerablemente la tesorería nacional. Además, Taejong cerró muchos de los templos que habían sido construidos por los reyes Goryeo, lo que también aumentó el tamaño de los fondos públicos.

En 1399, el rey Taejong comenzó a convertir a Joseon en una monarquía absoluta. Reemplazó al organismo gubernamental, la Asamblea de Dopyeong, con un consejo estatal que aprobaba los diversos edictos del rey. Aquellos que desobedecían sus reglas eran asesinados o exiliados.

Taejong también promovió una nueva forma de confucianismo y la adaptó para enfatizar el gobierno, el servicio militar y la responsabilidad cívica. El neoconfucianismo promovía una sociedad ordenada guiada por personas cuyos puestos se otorgaban sobre la base del mérito, no del nacimiento. Durante el siglo XIV, el budismo había caído en descrédito a medida que la corrupción y la codicia crecían entre los monjes budistas y sus seguidores.

Pólvora

Durante años, el nitrato de potasio, también conocido como salitre, fue utilizado como elixir en China. El salitre se utilizaba para desarrollar medicamentos. Por accidente, mientras mezclaban azufre con carbón vegetal, descubrieron sus propiedades explosivas. Las llamas y el fuego a menudo quemaban las manos y los rostros de los alquimistas. Con el tiempo, comenzaron a utilizar la mezcla por sus propiedades explosivas. Durante las invasiones mongolas, se añadió a las flechas para crear "fuego volador". En 1350, fue usado en rudimentarios cañones chinos para aniquilar a las tropas mongolas. La dinastía Song de China intentó mantener este invento en secreto, pero pronto el proceso fue replicado por las tropas en Joseon.

Entre 1374 y 1376, un científico llamado Choe Museon visitó China y sobornó a un científico chino para darle la receta de la pólvora. Luego desarrolló una técnica para extraer nitrato de potasio del suelo, que se compone de materia en descomposición. Después de eso, desarrolló un dispositivo llamado *hwacha*, que era similar a los primeros lanzacohetes múltiples modernos. El *hwacha* fue utilizado eficazmente en enfrentamientos con el enemigo, sobre todo durante la batalla de Jinpo contra los japoneses.

Sejong el Grande (r. 1418-1450)

El rey Taejong se retiró como rey en 1418, pero todavía gobernó como regente con su hijo Sejong. Siguiendo la filosofía neoconfuciana de una sociedad organizada y obediente, el rey Sejong fortaleció a los militares. En 1430, estableció un nuevo sistema tributario, pero antes de hacerlo distribuyó una encuesta para evaluar la opinión pública. Era una manera de proporcionar igualdad en todo su territorio, y el 57 por ciento de los encuestados aprobaron el sistema que propuso. También fue uno de los primeros en conceder hojas de maternidad y paternidad.

Innovaciones agrícolas

El rey Sejong encargó dos libros sobre agricultura adaptados a las necesidades del suelo y el clima en Joseon. El libro más famoso se llama *Nongsa jikseol,* o *Conversación directa sobre cultivo.* Se establecieron las condiciones para cultivar arroz artificialmente bajo distintas condiciones. El libro también indicaba cómo cultivar arroz en humedales de tierras bajas de regadío y en las tierras altas de aguas profundas, así como la utilización de especies particulares de arroz resistentes a la sequía para el crecimiento en las tierras altas secas y el cultivo de arroz durante las temporadas de lluvia. El comercio con Ming China ayudó a los dos países a establecer un mercado para la venta de variedades de semillas que eran resistentes a la sequía.

Los escritores también abordaron los usos más eficientes de los ecosistemas en Joseon para la producción de dos tipos diferentes de mijo, glutinoso y panizo, así como el cultivo de soja, frijoles rojos, frijoles mung, cebada, trigo sarraceno y sésamo. El libro también describe la rotación de cultivos como un medio para permitir que el suelo se recupere.

Sejong, que era muy sensible a los desastres agrícolas, como las sequías, extendió los subsidios a los agricultores cuyos cultivos se vieron afectados por desastres ambientales inesperados. También distribuyó alimentos a aquellos que estaban necesitados en tiempos de dificultades económicas.

Invenciones

El rey Sejong apreció la habilidad y el talento, independientemente de su estatus social. Alrededor de 1430, ascendió a Jang Yeong-sil a un puesto que le permitía trabajar en el palacio real. En 1433, desarrolló un globo celeste, un instrumento que podía medir la posición de los cuerpos celestes durante todo el año para predecir las mejores estaciones de crecimiento y para indicar la hora. A medida que perfeccionaba el diseño, los astrónomos de Joseon fueron capaces de trazar el curso de siete planetas visibles, así como el Sol, la

Luna y las estrellas. En 1434, los científicos del instituto de investigación Jiphyeonjeon mejoraron la imprenta de metal que había sido inventada por Choe Yun-ui de Goryeo en 1234. Jang también creó relojes de sol y un reloj de agua, este último basado en un modelo chino del siglo XI. Algunas de estas invenciones realizadas durante este tiempo fueron consecuencia del enfoque que Sejong aplicaba en la agricultura. En 1441 Jang inventó el *cheugugi,* el primer pluviómetro de Corea, que más tarde se utilizaría para recopilar datos sobre las precipitaciones en el país. Jang también inventó el *supyo,* que fue el primer medidor de agua del mundo.

Idioma

El rey Sejong contrató a eruditos de forma regular y los hizo trabajar en lo que se llamó el Salón de los Notables, también conocido como el mencionado Jiphyeonjeon. Una de sus tareas era desarrollar el primer alfabeto Joseon, que se conoce como *hangul.* Antes de la creación de este alfabeto, los coreanos habían estado usando el chino clásico junto con sus propios sistemas de escritura nativos. Esto significaba que muchos coreanos de clase baja eran analfabetos, ya que había una gran diferencia entre los idiomas chino y coreano. En 1443, el instituto creó un manual para el nuevo idioma, titulado *Hunminjeongeum* (o, en español, *Los Sonidos Adecuados para la Educación de la Gente),* y lo distribuyó a todas las personas. El idioma que el rey Sejong promulgó usaba caracteres mucho menos alfabéticos que los chinos. Incluso las clases bajas podían dominar este nuevo idioma, y empezaron a ser alfabetizadas, para disgusto de las élites que querían ser vistas por encima de la gente común.

El propio rey Sejong fue un poeta, y el poema más famoso que se le atribuye es *Canciones del Dragón Volador,* escrito en 1445. Un extracto:

La corriente cuya fuente es profunda

brota incluso en una sequía.

Forma un río

y alcanza el mar.

Muerte y crisis de sucesión

En 1450, Sejong murió después de sufrir complicaciones con la diabetes. Había nombrado a su hijo mayor, Munjong, su sucesor. Munjong estaba enfermo, por lo que Sejong acompañó ese nombramiento con otro sucesor, su nieto Danjong, a quien puso bajo la protección de los miembros del Salón de los Notables. Como Sejong había previsto, Munjong no vivió mucho (sólo dos años), y Danjong le sucedió. Sin embargo, Danjong tenía sólo doce años, y eso dio lugar a una usurpación del trono por su tío, Sejo, en 1455.

Entonces seis eruditos tejieron un complot para que Danjong regresara al trono. Sin embargo, uno de los conspiradores, Gim Jil, traicionó a sus asociados desde el Salón de los Notables y reveló la conspiración a su suegro, quien se lo dijo al rey Sejo. Aunque quería perdonarlos, incluso tratando de que se arrepintieran de sus acciones y reconocieran su legitimidad, se dio cuenta de que nunca se someterían realmente y los ejecutarían. Más de setenta personas fueron condenadas a muerte durante este tiempo, incluyendo a Danjong. También eliminó el Salón de los Notables por completo, pero mantuvo a Gim Jil con vida, a quien otorgó posiciones de alto nivel. Finalmente, Gim se convirtió en el gobernador de la provincia de Gyeongsang en el sureste de Joseon.

Rey Sejo (r. 1455-1468)

El rey Sejo endureció la monarquía y desarrolló aún más la organización legal al aprobar el Gran Código para la administración del estado, que fue diseñado específicamente para que los gobernantes dinásticos fueran la guía. El código contenía leyes que regulaban un sistema para la aplicación de un código penal junto con algunas partes dedicadas al derecho contractual, las finanzas y los asuntos civiles. En realidad, no se puso en práctica hasta 1474, cuando se completó bajo el reinado de sus sucesores.

La dinastía Joseon y las invasiones Jianzhou

El pueblo de Jurchen se había enfrentado a Corea en el siglo XII. Entre 1460 y 1470, una de las subdivisiones de esta tribu, la Jianzhou, invadió las fronteras septentrionales de Joseon. Cruzaron las fronteras del norte de Joseon para obtener ginseng para el comercio, pero también atacaron las aldeas de Joseon, principalmente con el propósito de confiscar la cosecha de ginseng rojo cultivada en esa región. El ginseng rojo era muy codiciado por los chinos, ya que sólo podía crecer una cantidad limitada.

El ginseng rojo tiene una larga e ilustre historia como una hierba medicinal y se dijo que era un afrodisíaco, tenía propiedades que aumentaban la longevidad, reducía el estrés, y aumentaba la vitalidad. La variedad de Joseon fue un cultivo muy rentable. Ya no se cultiva allí, pero las raíces únicas con las que se hizo ginseng rojo han sido subastadas en la actualidad por más de 43.000 euros.

Las regencias violentas de las reinas de Joseon

El rey Sejo murió en 1468 y fue sucedido por su hijo, Yejong, cuya madre, la reina Jeonghee, la esposa de Sejo, gobernó en su lugar, ya que estaba muy enfermo. Durante su regencia, a los agricultores se les concedieron muchas de las tierras anteriormente propiedad de los militares con el fin de aumentar la producción agrícola. Yejong y su madre solo gobernaron durante un año. Después de su reinado, el sobrino de Yeong, Seongjong, se convirtió en rey. También era demasiado joven (sólo tenía doce años), por lo que su abuela, la reina Jeonghee, y su madre, la reina Insu, gobernaron en su lugar hasta que cumplió diecinueve años.

El rey Seongjong añadió algunas mejoras a la ley de la tierra que fue desarrollada por primera vez por el rey Sejo. A pesar de algunas revisiones posteriores, este código ha sido el código legal más duradero en la historia de Corea.

La propiedad de la tierra se volvió extremadamente importante durante el reinado de Seongjong, no solo como una fuente de impuestos, sino también como una oportunidad para los arrendamientos y una manera para que los campesinos produjeran cultivos. El estatus estaba vinculado a la propiedad de la tierra, y se crearon fincas más grandes. Los códigos legales también se ampliaron para regular la propiedad de la tierra y los derechos.

Seongjong fue un hombre erudito y religioso, y restauró el neoconfucianismo después de que el budismo experimentara un resurgimiento en 1462 gracias a la influencia china; el resurgimiento también fue influenciado por su esposa, Jeonghyeon, que estaba increíblemente dedicada al budismo. El Salón de los Notables, que había sido erradicado alrededor de 1456, se transformó en el Salón del Permiso de Estudio, al que podían asistir los jóvenes eruditos. Debido a las actividades intelectuales del rey Seongjong, hubo un resurgimiento de la literatura y la publicación de libros.

Sin embargo, las disputas se produjeron bajo el próspero gobierno de Seongjong. Cuando la primera esposa de Seongjong murió, se casó con Yun. Esto la convirtió en la segunda esposa de Seongjong, y tuvieron un hijo llamado Yi Yung. Sin embargo, el rey Seongjong también tuvo relaciones sexuales con sus concubinas, lo cual era, por supuesto, permisible. Yun se puso locamente celosa. En una ocasión, los historiadores escribieron que seguía a sus concubinas. Furiosa por estas relaciones, atacó al rey e incluso se rasgó la cara con sus uñas afiladas dejando cicatrices. También se dice que envenenó a una de las concubinas en 1477. La reina Yun fue entonces depuesta como regente y exiliada. Sin embargo, no cambió sus costumbres mientras estaba en el exilio, y funcionarios influyentes pidieron su ejecución. Murió en 1482, después de haber sido envenenada.

En 1494, Sejong fue sucedido por su hijo, Yi Yung, ahora conocido como Yeonsangun. Tras su ascensión al trono, Yeonsangun descubrió lo que le sucedió a su madre y se enfureció enormemente. Abrió una intensa investigación sobre su ejecución e interrogó a todo el personal del palacio que servía en ese momento. A medida que su mal temperamento aumentaba durante estas investigaciones, transfirió su odio a muchas de las mujeres y funcionarios que prestaban servicio en el palacio. Cuando uno de los eruditos escribió una historia que indicaba que el rey Sejo usurpó el trono, purgó el gobierno de los eruditos. Durante la Primera Purga en 1498 ejecutó brutalmente a algunos y exilió a otros.

Sin embargo, los castigos no habían terminado. En 1504, los detalles de la muerte de su madre le fueron revelados y se le molestó mucho. Rápidamente respondió a esta noticia golpeando a dos de las concubinas de su padre hasta la muerte y ordenó la ejecución de aquellos funcionarios que habían apoyado la muerte de su madre. Al menos 36 oficiales fueron asesinados obligándolos a beber veneno, y ocho de estos cuerpos fueron mutilados. Este número ni siquiera incluye a las familias de los funcionarios, que también fueron castigadas. Durante este tiempo, se peleó con su abuela, la reina Insu, y la empujó provocándole la muerte.

El resto del gobierno de Yeonsangun fue muy cruel, aunque cabe señalar que el comienzo de su reinado antes de descubrir la verdad sobre su madre había sido bastante estable. Convirtió la universidad real en sus propios terrenos de recreo, y demolió una gran zona residencial en la capital para construir cotos de caza, desplazando a 20.000 residentes. Después de que la gente comenzara a burlarse de él en hangul, decidió prohibir el uso del alfabeto. Y su duro trato también se extendió a la nobleza y a los funcionarios del gobierno; incluso ejecutó a un ministro por derramar accidentalmente una bebida cuando la estaba vertiendo en su taza.

Al ver que la crueldad loca de Yeonsangun parecía no conocer límites, los funcionarios de la corte conspiraron contra él. En 1506, fue depuesto y enviado al exilio en la isla de Ganghwa. Su medio hermano, Jungjong, lo reemplazó. Jungjong quería retomar el estilo de gobierno de Seongjong, pero estaba limitado en sus movimientos, ya que los líderes golpistas que lo colocaron en el trono le supervisaban. Cuando murieron, sin embargo, Jungjong comenzó a hacer valer su autoridad.

Jungjong favoreció mucho las filosofías enseñadas por los eruditos confucianos más liberales, pero los líderes políticos más poderosos dentro del gobierno silenciaron lo que consideraban filosofías inapropiadas. Jungjong, en particular, siguió las enseñanzas de Jo Gwang-jo, un erudito que promovía la igualdad entre los ricos y los pobres y que creía que los funcionarios podían incluso ser elegidos de entre las clases bajas. Los miembros superiores de la administración tenían particularmente miedo de la creciente popularidad del neoconfucianismo. Jo Gwang-jo se movió rápidamente entre sus las filas, y los funcionarios opuestos a esta corriente comenzaron a sembrar la duda en la mente de Jungjong alegando que podría producirse otro golpe dirigido por Jo Gwang-jo. Esto provocó el inicio de la tercera purga de eruditos, que comenzó en 1519. Jo Gwang-jo no lo vio venir y fue exiliado debido a la enorme efusión de apoyo a su inocencia por parte de sus estudiantes. Sin embargo, Jungjong lo quería muerto, y en 1520, se vio obligado a beber veneno. En 1521, 225 funcionarios se habían visto afectados por la purga, y la mayoría de las reformas de Jo, que promovían la igualdad entre las clases, habían sido anuladas.

Las tres oficinas

Estas oficinas existían en la dinastía Goryeo anterior, pero se ampliaron bajo el reinado de Seongjong. Seongjong tenía la esperanza de que los eruditos neoconfucianos, llamados los *sarim*, comprobaran el poder de los ministros, los *hungu*. Estos dos grupos luchaban constantemente entre sí, y este conflicto jugó un papel importante en las purgas de los literatos. Aunque se cree que las purgas se deben a estas facciones rivales, algunos creen que los reyes de Joseon querían debilitar las tres oficinas, ya que hacían contrapeso a su gobierno. A continuación, se muestra una definición de las oficinas.

Oficina del inspector general

Esta oficina estaba a cargo de los inspectores y funcionarios encargados de las licencias, los juicios políticos, las cuestiones legales y el comportamiento adecuado de los familiares del rey. Además, mantuvo el orden confuciano en la jerarquía del gobierno. La admisión a esta oficina requería una verificación exhaustiva de los antecedentes.

Oficina de censores

La oficina de censores tenía la delicada responsabilidad de aconsejar al rey cuando deseaba promulgar una política o emitir un decreto. No tenían la autoridad para aprobar un decreto, pero podían consultar con la oficina del inspector general en términos para presentar una modificación o impedir la aprobación de un mandato o decreto indebido. Este grupo trabajaba estrechamente con la prensa pública, especialmente con los términos de la redacción adecuada de los decretos oficiales.

Oficina de asesores especiales

Este grupo supervisaba el contenido de las bibliotecas reales y sopesaba las creencias del neoconfucianismo con el contenido de los documentos oficiales.

La cuarta purga de eruditos

Jungjong murió en 1544, y el príncipe heredero Injong se convirtió en rey. Sin embargo, murió ocho meses más tarde, y el hijo de la tercera esposa de Jungjong, Myeongjong, se convirtió en rey. Las crónicas parecen implicar a la reina Munjeong en la muerte de Injong, ya que registran que la reina era visitada a menudo por un espíritu de la noche y estaba atormentada por la voz del niño fallecido. Se despertaba gritando muchas noches. Debido al miedo mortal y el terror, la reina Munjeong se quedó tan perturbada que se fue del palacio.

La segunda esposa de Jungjong, que había dado a luz a Injong, tuvo un hermano llamado Yun Im, mientras que la reina Munjeong tenía un hermano llamado Yun Won-hyeong. Cada hermano era muy ambicioso y formaba sus propios grupos de poder político. El grupo de Yun Im era conocido como la facción Yun Menor, y era progresista. El grupo de Yun Won-hyeong, la facción de Greater Yun, era conservador. Geográficamente, los miembros de la facción conservadora vivían principalmente al oeste de la capital, y los progresistas vivína al este de la capital. Estas divisiones se dividieron aún más creando subdivisiones: los norteños, los sureños y las secciones oriental y occidental cerca de la capital.

En 1545 hubo un enorme conflicto entre las facciones políticas, y tuvo lugar la cuarta purga de eruditos. Como resultado, Yun Im fue ejecutado junto con algunos eruditos confucianos. Muchos historiadores afirman que la facción Yun Won-hyeong creó un complot para que lo ejecutaran.

Las disputas políticas de los siglos XV y XVI provocaron vulnerabilidad militar porque el tamaño y la fuerza del ejército era a menudo un tema de agenda política. Durante el reinado del sucesor del rey Myeongjong, el rey Seonjo, la facción conservadora estaba en el poder y las reformas se ralentizaron. Una de esas reformas promovió un aumento de los militares para defender al país contra los jurchen a lo largo de la frontera, así como contra Japón, que se estaba convirtiendo en una poderosa fuerza en la zona. Sin embargo, los conservadores se resistieron a esta acumulación de poder defensivo, y eso les llevó a su propia perdición cuando otros países, como Japón, se aprovecharon de esa debilidad.

Capítulo 5 – Invasiones extranjeras

Guerra de seis años con Japón

En 1590, uno de los *daimyos* más poderosos de Japón, Toyotomi Hideyoshi, emergió como el principal líder militar que unió a todas las facciones dentro del país, permitiendo a Japón mantenerse unido. Para evitar que el país cayera en una guerra civil y para expandir el territorio japonés, Hideyoshi hizo planes de conquistar China. Para ello aumentó su fuerza militar y naval. Luego se puso en contacto con el rey Seonjo de Joseon, pidiendo permiso para entrar en China a través de la península. Gracias a las conversaciones que mantuvo con los comerciantes, Seonjo descubrió el poder militar de Hideyoshi y quiso determinar las verdaderas intenciones detrás de esa solicitud. Por lo tanto, Seonjo envió emisarios de ambos partidos políticos de Joseon para aclarar el asunto. Regresaron e informaron al rey que Hideyoshi quería atacar a la dinastía Ming en China. La carta que Hideyoshi envió con los embajadores pedía a Corea que se sometiera a Japón y se uniera a ellos en la guerra contra China.

Joseon tenía una relación positiva y larga con los Ming y se dio cuenta de que no debía ceder a la demanda de Hideyoshi, por lo que lo rechazó. Sin embargo, Joseon se había debilitado militarmente durante sus anteriores años de conflictos internos. El comandante naval más fuerte de Seonjo, Yi Sun-sin, se apresuró para prepararse para la batalla. Entrenó a las fuerzas militares y construyó buques de guerra, incluyendo un barco recién inventado llamado "buque tortuga", que era un buque revestido de hierro equipado con artillería.

En mayo de 1592, Japón envió a más de 150.000 hombres a Pusan, también conocida como Busan, una ciudad portuaria en la costa sur de Joseon. En el mar, la marina de Joseon no pudo detener el avance inicial, pero logró dispersar las flotas de refuerzo naval. También hundieron 63 barcos japoneses y bloquearon buques que transportaban suministros.

Las fuerzas japonesas que desembarcaron arrasaron en las regiones del sur, quemando y saqueando mientras se acercaban hacia Seúl. La gente en Seúl prácticamente abandonó la capital, que incluía al rey Seonjo, que huyó a Pyongyang, ahora capital de Corea del Norte.

Los japoneses ocuparon Seúl y Pyongyang antes de desplazarse hacia el este rumbo al mar. Japón había planeado no solo sus buques de suministro, sino también cultivos que podrían ser confiscados localmente. Sin embargo, debido al increíble éxito de Joseon en el mar, ese plan fracasó.

El pueblo Joseon estaba furioso por el fracaso del gobierno para proteger el país, por lo que organizaron una milicia voluntaria. Su principal motivación fueron las atrocidades que los soldados japoneses le habían infligido. Académicos, civiles y campesinos fueron masacrados. La costumbre de los japoneses en aquella época era demostrar su valor en el campo de batalla cortando cabezas de los que mataban. En las invasiones coreanas, debido al número de civiles muertos, era más fácil transportar narices en lugar de cabezas. El Mimizuka, o montículo de orejas, es un monumento en Japón que conserva al menos 38.000 narices de los coreanos muertos durante las invasiones.

En enero de 1593, la dinastía Ming de China envió una fuerza de unos 40.000 hombres para unirse a las fuerzas de Joseon; atacaron a los japoneses estacionados en Seúl y retomaron Pyongyang. Sin embargo, las fuerzas de la dinastía Ming fueron derrotadas en la batalla de Byeokjegwan el 27 de febrero de 1593 y tuvieron que retirarse, dejando a los coreanos varados. A pesar de todo, el Joseon y los chinos todavía tenían un reducto de montaña en Haengju en el norte, y lucharon con valentía perdiendo a muchos hombres. Los japoneses organizaron nueve ataques sucesivos allí, pero se vieron obligados a retirarse en todas las ocasiones. Esta batalla aumentó en gran medida la moral coreana.

En el asedio de la fortaleza de Jinju en julio de ese año, los japoneses rompieron los diques que frenaba el foso. Sin embargo, fueron recibidos con ráfagas de flechas y tuvieron que retirarse. Los japoneses entonces se arrojaron sobre las torres de asedio, pero se vieron obligados a retirarse debido al fuego de los cañones desde lo alto de las almenas. Fue una batalla prolongada y duró siete días. Al tercer día, el general Kim Si-min fue asesinado, junto con muchos otros soldados coreanos. Sin embargo, siguieron lucharon. Las escaleras que los japoneses colocaron contra las paredes fueron aplastadas por las fuerzas defensivas coreanas. Llovía tan intensamente que las secciones que asediaban la pared se debilitaron, y los japoneses finalmente fueron capaces de tomar posesión del fuerte. Hoy en día, hay un festival anual llamado Jinju Namgang Yudeung, que conmemora a los 70.000 coreanos masacrados en este feroz conflicto.

En este punto de la guerra, la fuerza de invasión japonesa, que había comenzado con 150.000 hombres, no llegaba a los 53.000. Con refuerzos chinos llegando todos los días y un frío invierno que provocó hambruna y heladas, los japoneses se retiraron a la costa. Las dos partes permanecieron en un punto muerto durante varios meses, ya que no estaban dispuestas a hacer ningún movimiento ofensivo.

Los japoneses también perdieron una serie de batallas menores, y el general japonés Konishi Yukinaga retiró la mayoría de sus fuerzas y demandó la paz. Sin embargo, debido a que los Ming se habían retirado de Joseon, los japoneses pensaron equivocadamente que habían ganado. Los Ming pensaban lo mismo, ya que habían recapturado Pyongyang y los Joseons habían tomado la fortaleza de Haengu y destruido la mitad de la flota japonesa. Por lo tanto, la dinastía Ming de China insistió en que Japón se convirtiera en su estado vasallo. Se discutió un intercambio de rehenes, pero nunca se acordó, y las negociaciones se prolongaron durante tres años sin resolución.

En febrero de 1597, los japoneses invadieron Joseon por segunda vez con alrededor de 141.000 soldados. Aterrizaron en Pusan, como lo habían hecho en el conflicto anterior. Esta vez, sin embargo, Joseon estaba mucho mejor preparado. Los Ming también enviaron alrededor de 55.000 soldados para ayudar a hacer frente a la invasión. Inicialmente, los japoneses estaban en gran medida confinados en la provincia de Gyeongsang en el sureste de Joseon. Debido a sus técnicas de "corte y quema", prácticamente toda la provincia de Gyeongsang se había convertido en un páramo. Miles de coreanos murieron y otros miles fueron afectados por la hambruna y la enfermedad. Los Ming no eran mucho mejores; no distinguían entre los leales civiles Joseon y los que apoyaban a los japoneses. Los propios ejércitos de Joseon a menudo arrebataron por fuerza alimentos y suministros a los civiles; como es típico en la mayoría de la guerra, los civiles siempre se llevan la peor parte.

Entre 1597 y 1598, los coreanos demostraron que se habían vuelto mucho más competentes en tácticas de batalla que en 1593. En la batalla de Myeongnyang, los Joseon construyeron inteligentemente buques de guerra de varios niveles llamados panokseons, que usaban remeros y tenían una sola vela. Los panokseons eran bastante planos planos, ya que las aguas alrededor de Corea podían ser engañosamente poco profundas. El estrecho de Myeongnyang era especialmente complicado porque era increíblemente estrecho, y un cambio repentino de la marea podía hacer encallar a un capitán de mar sin estar preparado. Los Joseon, por supuesto, utilizaron ese conocimiento a su favor atrayendo en las naves de guerra japonesas más torpes. El almirante Joseon Yi Sun-sin estaba tripulando el buque insignia en el extremo norte del estrecho, y los numerosos barcos japoneses entraron rápidamente. Cuando la marea cambió, sin embargo, la flota japonesa comenzó a navegar a la deriva hacia atrás haciendo colisionar sus barcos. Como sucedería en cualquier canal estrecho, la rapidez de la corriente puede llegar a ser traicionera, y muchos de los que intentaron nadar a tierra en medio del caos se ahogaron.

El asedio de Ulsan, que duró del 29 de enero al 19 de febrero de 1598, representó una pérdida significativa para Joseon, ya que fueron superados abrumadoramente por los japoneses debido a la llegada inesperada de un contingente con refuerzos. Los Joseon querían capturar la fortaleza de Ulsan de los japoneses. La avanzadilla inicial obligó a los japoneses a buscar refugio en las cámaras interiores cuando fueron atacados por escaladores. Sin embargo, el hecho de que Ulsan fuera construido en terrenos más altos dio a los japoneses una clara ventaja topográfica. Las tropas de Joseon tenían cañones, pero el alcance era demasiado corto para que llegara el fuego del cañón, por lo que el inspector general Yang Hao se vio obligado a retirar a sus hombres.

Joseon realmente anhelaba otro fuerte japonés, y en el otoño de 1598 intentó conquistar el cuarten de Suncheon. Intentó llevar al comandante japonés, Konishi Yukinaga, y a algunas de sus fuerzas a un lugar abierto bajo el pretexto de las negociaciones. Pero las tropas de Joseon calcularon mal el momento y abrieron fuego con sus cañones demasiado pronto, enviando a los japoneses de vuelta a su refugio en el fuerte. Los aliados chinos, que no estaban tan familiarizados con las aguas coreanas, enviaron barcos. Sin embargo, esos barcos vararon en las aguas poco profundas, y Joseon perdió la batalla.

Yi Sun-sin estaba a cargo de la marina y, cuando recibió órdenes de ir tras los japoneses, sospechó que le estaban empujando hacia una emboscada, ya que el consejo provenía de un espía japonés. Por lo tanto, se abstuvo de atacarlos y disgustó al rey. Como resultado, fue expulsado y reemplazado por Won Gyun. Sin embargo, Won Gyun demostró ser incompetente en comparación con Yi Sun-sin y perdió la batalla de Chilcheollyang acabando con numerosos barcos y con su propia vida. Rápidamente. Yi Sun-sin fue devuelto a su puesto. Con solo 12 barcos y 200 marineros, obtuvo ventaja gracias a sus conocimientos de las mareas y corrientes. En la batalla de Noryang en diciembre de 1598, sin embargo, Yi Sun-sin fue asesinado. A pesar de eso, la flota Joseon/Ming logró una tremenda victoria. Las fuerzas japonesas, que estaban muy diezmadas, regresaron a casa para descubrir que el shogun japonés, Toyotomi Hideyoshi, había muerto en septiembre. Mantuvieron esta pérdida en secreto para no aplastar la moral del ejército.

Después de la invasión japonesa, Joseon estableció una política de aislacionismo. El rey Seonjo sintió que el comercio con los chinos era suficiente y que demasiada interferencia extranjera solo había traído derramamiento de sangre y devastación.

Continúa la facción sangrienta

El rey Seonjo sintió los efectos de la horrenda guerra con los japoneses, teniendo que lidiar con la inanición de su pueblo y la pérdida de acres de tierras de cultivo. Dio grano libre a las familias necesitadas y trató de reconstruir Joseon, pero este proyecto se vio frustrado por las terribles condiciones económicas. Murió en 1608, pasando la corona a su segundo hijo, Gwanghaegun. Gwanghaegun tomó el trono durante un período particularmente violento de la política del partido. No fue muy respetado porque era el hijo de la concubina de Seonjo, que estaba en contra de las creencias confucianas.

Tan pronto como ascendió al trono, la pequeña facción de los conservadores del norte conspiró para dar un golpe de estado y convertir en rey su hermano, Yeong-chang. Pero la trama fue descubierta y su líder fue ejecutado. Yeong-chang fue arrestado y murió al año siguiente. La facción conservadora más grande, llamada la facción del Gran Norte, retiró de su cargo a muchos funcionarios del partido opositor. También despojaron a la reina Inmok, la madre de Yeong-chang, de su título y la arrojaron a prisión. Su abuelo también fue encontrado culpable de traición y ejecutado.

Durante su reinado, el rey Gwanghaegun intentó dar a los miembros de todas las facciones representación en el gobierno, pero no tuvo éxito. En 1623, fue víctima de un golpe de Estado y fue enviado al exilio. Injo, el nieto del rey Seonjo, fue puesto en el trono por la facción occidental ultraconservadora.

Las invasiones manchú

A principios del siglo XVII, la rama más agresiva del problemático pueblo jurchen (los Jianzhou Jurchens) emigró a la región nororiental de China en el país ahora conocido como Manchuria. Su dinastía fue llamada la dinastía Jin posterior, que finalmente evolucionó hasta convertirse en la dinastía Qing.

En 1618, Nurhaci, el rey de los jurchen, declaró la guerra contra la dinastía Ming, así como contra sus aliados, es decir, Joseon. Nurhaci escribió al rey Injo de Joseon, condenándolo por su asociación con la dinastía Ming. Nurhaci se justificó escribiendo que el cielo lo había elegido a él y a su pueblo como líderes legítimos tanto de los chinos como, por lo tanto, de los coreanos. Dijo:

> El cielo me toma como el bien y el Nikan, el pueblo chino Han, como el mal. El emperador Nikan del gran reino también vive bajo la palabra inmutable del cielo. Sin embargo, el emperador Nikan violó las reglas del cielo haciendo que otras naciones sufrieran por ello.

La razón de ser de Nurhaci estaba arraigada en la leyenda chamánica, que utilizó a su favor. Los historiadores, sin embargo, dijeron que Nurhaci en realidad estaba buscando venganza por la muerte de su padre y abuelo en una batalla anterior con los Ming.

En 1627, Hong Taiji, que se hizo cargo después de Nurhaci, invadió Joseon. Las fuerzas de Jurchen estaban compuestas en su mayoría por guerreros tribales, y primero atacaron los cuarteles del norte de Neunghan y Anju. Aunque la dinastía Ming de China envió algunas tropas para ayudar a evitar el ataque, esos dos fuertes cayeron, al igual que Pyongyang. Los jurchen se dirigieron entonces hacia el sur de Joseon. El rey Injo huyó de Hanseong (actual Seúl) y demandó la paz. Sin embargo, Hong Taiji se quejó de que Joseon seguía ayudando al pueblo Ming después de que un general Joseon, Mao Wenlong, proporcionara comida a los soldados Ming afectados allí. Además, después de que las hostilidades se detuvieran, Mao y Joseon reanudaron el comercio con los Ming. Los jurchen insistieron en que Joseon rompiera todas las relaciones con los Ming, y lo hicieron. Las autoridades de Joseon más tarde ejecutaron al general Wenlong por su "traición". El sucesor de Injo, Hyojong, acató los términos, aunque a veces quería vengarse.

En 1635, Hong Taiji cambió el nombre de su pueblo de jurchen a manchú con el fin de distanciarse de los Jianzhou Jurchens, que eran gobernados por los chinos. Dado que la dinastía Jin posterior era una referencia al pueblo jurchen, los nobles de los manchúes recomendaron que Hong Taiji estableciera una nueva dinastía en China. Lo hizo en 1636, llamándola la dinastía Qing, con Hong Taiji como su primer emperador. El rey Injo y muchas de las personas en Joseon que todavía eran leales a la antigua dinastía Ming lo tomaron como una ofensa y agitaron al pueblo contra la dinastía Qing. De hecho, cuando algunos delegados de Manchú visitaron a Joseon, el rey se negó a reconocerlos. Los manchúes estaban indignados por esa afrenta, al igual que el recién nombrado emperador Qing.

En 1636, Hong Taiji dirigió guerreros chinos manchú, mongol y han contra Joseon. Manchu Prince Yu, también conocido como Dodo, lideró una enorme división de 30.000 hombres, y Hong Taiji lideró la división principal con 70.000 hombres. Atacaron la formidable fortaleza de la montaña Namhan para evitar que el rey Injo huyera a la isla de Ganghwa como otros reyes Joseon habían hecho en el pasado. En meses anteriores, sin embargo, el rey fue capaz de enviar a sus consortes y su hijo a esa isla para su protección.

Allí, en el terreno montañoso del norte de Joseon, los soldados de Joseon se defendieron con éxito de los invasores Qing con fuego de mosquete pesado y persistente. Sin embargo, esto fue solo una victoria temporal. A principios de 1637, una gran fuerza bajo el mando de otro príncipe Qing, Dorgon, atacó la isla de Ganghwa, capturando al hijo del rey Injo y a sus esposas. Joseon se rindió al día siguiente.

Su acuerdo con el ejército Qing consistió en nueve requisitos:

1. Joseon dejaría de usar el nombre de la era Ming y entregaría el sello de investidura Ming.

2. Joseon ofrecería a sus hijos capturados, el príncipe Sohyeon y el Gran Príncipe Bontrim, también conocido como Hyojong, como rehenes junto con sus esposas y consortes.

3. Joseon aceptaría el calendario Qing.

4. Joseon reconocería a los líderes locales de Ming como sus señores.

5. Joseon proporcionaría hombres y suministros para ayudar al ejército Qing en futuras peleas con los Ming.

6. Joseon proporcionaría buques de guerra a los Qing.

7. Joseon no aceptaría a ningún refugiado Ming en su país.

8. Las nobles de Joseon se casarían con los Qing.

9. Joseon no construiría más fortalezas o castillos.

Después de la rendición de Joseon, se produjeron atrocidades como consecuencia de la crueldad de los Qing. Las mujeres de Joseon fueron secuestradas y violadas, y algunas de las princesas Joseon se convirtieron en concubinas de los príncipes Qing. Debido a que habían tenido relaciones sexuales con los Qing, fueron expulsadas de sus familias.

Mientras el príncipe Joseon, Hyojong, vivía en China Qing con su esposa Inseon se enteró de muchas de las técnicas militares avanzadas de los chinos y los europeos que comerciaban con ellos. Hyojong era muy protector de su hermano, Sohyeon, que era el heredero al trono de Joseon. De hecho, incluso fue a una campaña Qing contra Rusia en lugar de su hermano.

La nueva dinastía Qing tardó unos cuarenta años en asumir el control de china continental debido a los pueblos leales a Ming que permanecían en el sur de China. El príncipe Sohyeon y la princesa Minhoe regresaron a Joseon unos ocho años más tarde, y varios años después, Hyojong y su esposa también lo hicieron.

Sohyeon, el primer hijo y heredero del rey Ingo, había estado en China durante años y regresó con muchas ideas científicas occidentales e incluso tenía simpatía por el catolicismo, que había crecido en algunas áreas de China. El rey estaba horrorizado por sus ideas prooccidentales y estaba furioso porque Sohyeon se había reunido con el misionero jesuita Johann Schall von Bell en Beijing. Sohyeon murió poco después de regresar a Joseon en circunstancias misteriosas, y los rumores históricos indican que el rey mató a su propio hijo. Cuando la esposa de Sohyeon intentó investigar la muerte de su marido se inventaron una historia. Posiblemente Gwi-in, la concubina del rey Injo, dijo que la princesa Minhoe había cometido traición. Fue ejecutada, y sus tres hijos fueron exiliados.

Hyojong sucedió a Injo en 1649 e intentó construir el ejército de Joseon con las armas que había visto en China, contratando a gente para fabricar mosquetes para ellos. Sin embargo, las condiciones económicas en Joseon, que estaba devastado por la guerra, eran severas. Por ello Hyojong pasó gran parte de su reinado tratando de reconstruir su país y murió antes de completar esa tarea. Su sucesor, Hyeonjong, continuó ese proyecto.

El faccionalismo fractura la Casa Real

Incluso mientras los príncipes reales estaban cautivos en China Qing, los conflictos seguían ocurriendo en Joseon debido a las facciones políticas. Los argumentos y la venganza se daban incluso sobre cuestiones triviales como el tiempo requerido para el uso de trajes de duelo. Cuando Hyojong murió, los conservadores occidentales pensaban que el uso de túnicas de luto por su segunda esposa, Jangryeol, solo era necesario un año, mientras que la facción del sur creía que eran necesarios tres años. Al final, el rey Hyeonjong tomó la decisión final y estableció que el período era un año, haciendo prevalecer la idea de la facción occidental.

La rebelión de Musin

A principios del siglo XVIII, surgieron pequeños grupos escindidos de las facciones políticas. La facción occidental se dividió en los Noron, que siguieron al erudito confuciano Song Siyeol, y a los Soron y acataron las enseñanzas de Yun Jeung. En 1724, la facción Noron quería que el rey Gyeongjong de Joseon renunciara en favor de su medio hermano, Yeongjo, que favorecía a los Noron. La facción Soron luego conspiró para asesinar a Yeongjo. Sin embargo, no necesitaron hacer nada porque Gyeongjong murió de una intoxicación alimentaria que se debió al consumo de camarones en mal estado. De hecho, los historiadores apoyan esta idea, ya que afirman que el rey fue lo suficientemente tonto como para consumir los mariscos que le enviaron a mediados del verano sin haber sido conservados en hielo.

A pesar de ese hecho obvio, los Soron acusaron a Yeongjo de envenenar deliberadamente al joven rey. En diciembre de 1728, la rebelión de Musin explotó entre las dos facciones. Sim Yu-hyeon y Bak Mi-gwi robaron pólvora, planeando volar las puertas de Honghua y Don-hua. Los combates entre las facciones se desarrollaron durante tres semanas, y el gobierno perdió el control de muchos de los asentamientos del condado de la provincia de Jeolla.

Se produjo otra purga de eruditos, la Shinim, y casi todos los oficiales de Noron perdieron sus posiciones. Cuatro perdieron la vida y 170 fueron exiliados. En 2017, se encontraron cartas secretas escritas por Yeongjo, describiendo la purga. Detestaba las luchas de facciones que habían afligido a su país durante años e intentó ponerles fin. Expulsó a los Soron del gobierno y apartó la atención del país de la política. En lugar de centrarse en la política, las cartas del rey Yeongjo a su pueblo fueron compasivas.

El país en ese momento estaba inundado de lluvias frecuentes que destruían muchos cultivos. Para aliviar su sufrimiento, Yeongjo redujo los impuestos y dio ejemplo al reducir el tamaño de sus propias comidas. También inició muchos proyectos de obras públicas y apoyó el mercado y el crecimiento de los gremios.

Capítulo 6 – Comerciantes, agricultores y extranjeros

Durante el siglo XVIII, se introdujo la producción comercial a gran escala de cultivos rentables, como el ginseng, el tabaco, el algodón y, por supuesto, el arroz. Se cultivaron nuevas verduras, como patatas, tomates, calabaza y pimientos. Estos productos fueron importados tras una misión encabezada por Cho Om, quien fue enviado a Japón en 1764. Los mercados de agricultores se extendieron por todo el territorio. Las ocupaciones relacionadas con el transporte, el almacenamiento, la construcción naval, la administración de posadas y la banca florecieron. El comercio de importación y exportación también creció entre Joseon y la China Qing, y más tarde también en Japón.

Jeong Yak-yong alias "Dasan"

La gente de Joseon estuvo muy influenciada por pensadores de la época como Jeong Yak-yong, más comúnmente conocido como Dasan. Se destacó por su filosofía neoconfuciana, la ciencia, el derecho, su idea sobre la reforma agraria y su teoría del gobierno. Dos de sus libros más famosos, *La mente de gobernar a las personas* y *El diseño del buen gobierno,* se centran en el papel del gobierno como el medio por el cual la gente de un país podría mejorar sus condiciones económicas y dirigir su motivación por el camino del comportamiento justo y generoso. Dasan siempre subrayó los aspectos prácticos de la vida, a diferencia de las divagaciones filosóficas esotéricas de aquellos eruditos que argumentaban semántica y etimología. En 1805, Dasan delineó su metodología teórica para la interpretación del famoso *I Ching*, o *Libro de los Cambios*, un texto sobre adivinación que todavía se utiliza hoy en día.

Dasan fue exiliado desde finales de 1801 hasta 1818, cuando Corea descubrió que tenía hasta 17.000 conversos coreanos católicos y se vio amenazada por esta creciente influencia occidental. Corea quería adherirse a una filosofía neoconfuciana y no reconocía a ningún otro líder que el del Estado. En el mundo occidental, la iglesia católica ya era un fuerte poder político, y aunque Dasan no era católico, su hermano lo era.

La invasión francesa

En 1863, el rey Gojong ascendió al trono. Todavía era menor de edad en ese momento, por lo que su padre, Yi Ha-eung, sirvió como regente. Su título era el *heungseon daewongun*, que significa "príncipe de la gran corte". Era muy ambicioso, y finalmente tuvo una oportunidad para dominar la escena política. Uno de sus primeros actos fue fortalecer la identidad de Joseon como un estado neoconfuciano autodeterminable. El catolicismo era considerado como un sistema de creencias que se oponía al neoconfucianismo, que contaminaba la pureza de la ideología de Joseon. Observando que había muchas injerencias en los asuntos de Joseon por parte de los misioneros católicos franceses, el *daewongun* comenzó a eliminar por la fuerza a los líderes católicos y a otros católicos de Joseon, que habían crecido hasta llegar a 23.000 en pocos años.

En enero de 1866, los barcos rusos aparecieron en la costa oriental de Joseon. Los cristianos coreanos vieron esto como la oportunidad perfecta para fortalecer su causa y sugirieron que Joseon uniera sus fuerzas con Francia. El *daewongun* parecía estar abierto a esta idea y accedió a reunirse con el obispo Berneux. Pero era solo una estratagema para sacar al obispo a la luz pública; una vez que llegó a la capital al mes siguiente, fue ejecutado. Después de esto, fueron detenidos más misioneros franceses y conversos coreanos.

Debido a la ejecución de los misioneros franceses, el cónsul francés decidió enviar una "misión punitiva" a Joseon, diciendo: "Como el reino de Joseon mató a nueve sacerdotes franceses, responderemos matando a 9.000 ciudadanos de Joseon". El cónsul hizo esta amenaza sin la autorización del gobierno francés, y se daba la circunstancia de que Francia quería abrir Joseon al comercio.

En 1866, el contraalmirante Pierre-Gustave Roze partió con una pequeña flota y entró en el río Han, que parecía conducir a la capital. Desafortunadamente, Roze señaló que las aguas eran demasiado poco profundas para los buques de guerra franceses, por lo que intentó ocupar la isla de Ganghwa, que estaba situada a la entrada del río Han, y exigió reparaciones. El *daewongun* estaba furioso, y su fortaleza en la isla se mantuvo firme. Las tropas francesas lograron invadir el santuario real en la montaña y se apoderaron de las historias reales y libros de contabilidad. Cuando Roze se dio cuenta de que no podía hacer más progresos se retiró.

El incidente del barco General Sherman

En 1866, un barco estadounidense, el General Sherman, naufragó a lo largo de la costa de Joseon. Los estadounidenses estaban preocupados por el destino de la embarcación, pero también querían navegar por las aguas cercanas de la península y desarrollar un tratado para hacerse cargo de los marineros estadounidenses varados. Enviaron al embajador estadounidense a China junto con cinco buques de guerra. En junio de ese año, un pequeño contingente de los militares Joseon abrió fuego contra los estadounidenses. Cuando los americanos solicitaron una disculpa, no recibieron ninguna. Los Estados Unidos explicaron entonces que estaban en una misión pacífica, pero, aun así, no se ofreció ninguna respuesta. Como habían hecho los franceses, los estadounidenses respondieron con su propia "misión punitiva". Aterrizaron en la isla de Ganghwa y capturaron algunas fortalezas. El ejército de Joseon tenía armas obsoletas, y los estadounidenses capturaron el barco Joseon, el *Sugaki*. Más de 200 soldados Joseon fueron asesinados, junto con el primer oficial de un buque de guerra estadounidense, el *Colorado*. Después de que los estadounidenses se retiraran, el *daewongun* aisló aún más a Corea de las invasiones extranjeras. Esto no fue una buena idea ya que Joseon era claramente inferior superados a las fuerzas extranjeras.

El sistema tributario

Desde que Joseon jurara fidelidad al imperio Qing, Joseon tenía que rendir homenajes trimestrales a China que eran entregados al emperador por el rey Joseon o su representante. Consistían en 100 *piculs* (definidos como cargas de hombro-peso) de arroz, 200 *piculs* de seda blanca, 100 *piculs* de seda roja, 100 *piculs* de seda azul, 300 *piculs* de pieles de foca, 5.000 rollos de papel y 10 espadas. Durante una semana, se les permitía vender los productos al público chino. Hasta 1876, Joseon restringió la mayor parte de su comercio a China. Sin embargo, Joseon mantuvo una relación superficial con Japón en su puesto avanzado en Pusan en la costa sur. En 1854, corrió la noticia sobre el desembarco de barcos estadounidenses en Japón que eran comandados por el comodoro Matthew Perry. Estos buques de guerra tecnológicamente avanzados eran claramente superiores a los de Joseon. Y los japoneses, intimidados, se vieron obligados a firmar un tratado que abría a Japón al comercio.

En 1873, a la edad de 22 años, el heredero al trono de Joseon, Gojong, anunció que era el jefe de Joseon. Su esposa, la reina Myeongseong, también conocida como la reina Min, también ganó control sobre la corte, ocupando puestos de alto nivel con sus propios miembros de la familia. El *daewongun* estaba molesto por esto, y fue exiliado de la corte. Incluso hay una historia que dice que la reina Min bloqueó su entrada al palacio. Era inteligente, políticamente astuta, y solía interferir en los asuntos de estado. Min persuadió a Gojong para que iniciara reformas militares, y el rey Gojong y la reina

Min se volcaron con los Estados Unidos, lo que hizo que otras naciones occidentales clamaran para establecer tratados con Joseon.

Intrusión japonesa

Japón buscó alianzas asiáticas después de que la presencia naval estadounidense los sacudiera. A toda prisa, Japón trató de mejorar la condición de su propia marina. En mayo de 1875, imitaron la llegada de Perry enviando un cañonero revestido de hierro, impulsado por vapor llamado *Un'yo* a Pusan. Sin embargo, estas negociaciones fracasaron y los japoneses regresaron a su país.

Poco después, en septiembre, el *Un'yo* navegó de nuevo, esta vez aterrizando en la isla de Ganghwa para pedir agua y provisiones. Los soldados de los fuertes de la isla dispararon contra los japoneses. Después de disparar, incendiaron casas y se enfrentaron a las tropas de Joseon en la isla. Después de este incidente, la marina japonesa bloqueó la zona, exigiendo una disculpa. Joseon se vio obligado a firmar un tratado injusto con los japoneses en 1876, conocido como el Tratado de la isla de Ganghwa. Sus estipulaciones incluían lo siguiente:

    1. Joseon, más tarde conocido como Corea, era un estado independiente.

    2. Los dos países intercambiarían enviados en un plazo de quince meses.

    3. El puerto de Pusan y otros dos puertos marítimos estarían abiertos al comercio japonés sin obstáculos en el plazo de un año, junto con el espacio para la construcción de edificios auxiliares y arrendamientos de terrenos dedicados al comercio.

    4. Se ofrecería apoyo mutuo de barcos japoneses o coreanos varados en las costas de los demás.

    5. Los japoneses recibirían inmunidad de procesamiento por crímenes cometidos en suelo coreano.

Este tratado reconocía esencialmente a Corea como un país independiente de China, pero se consideraba un tratado desigual porque se le otorgaban a Japón muchos más derechos que a Corea.

El incidente de Imo

En 1881, el rey Gojong, que estaba fascinado con los avances que tenían los japoneses y trataba de fortalecer Joseon, contrató a un asesor japonés llamado Horimoto Reizo para ayudarle a modernizar sus fuerzas militares. El entrenamiento militar estuvo garantizado, pero a los soldados no se les dio su paga en arroz durante trece meses. Cuando el rey Gojong se enteró de la situación, ordenó a Min Gyeom-ho que les pagara. Sin embargo, pasó el deber a un mayordomo, que vendió el buen arroz que le habían dado y les dio a los soldados mijo mezclado con arena.

El 23 de julio de 1882, estalló un motín provocado por este asunto. Los soldados se dirigían a la casa de Min Gyeom-ho, pero él no estaba en casa ya que se había enterado del motín. Esto no les impidió destruir su casa, y después de eso, saquearon armas y liberaron a los presos políticos. A continuación, los alborotadores centraron su atención en los japoneses, apuñalando a Horimoto uno a uno. Volvieron su atención a la legación japonesa y prendieron fuego al edificio. La mayoría de la gente en su interior logró salir, pero seis japoneses fueron asesinados. Después de esto, la revuelta se trasladó al palacio, matando a Min Gyeom-ho, así como a otros funcionarios de alto rango. Especialmente querían poner sus manos en la reina Min, pero ella había logrado escapar. El motín fue finalmente contenido, y varios funcionarios fueron ejecutados como castigo. Sin embargo, este incidente dañó las relaciones con los japoneses.

Para restringir la participación japonesa en los asuntos de Joseon, el gobierno de Joseon hizo que los asesores chinos vinieran a ayudar con el reciclaje de sus tropas. China, sin embargo, se aprovechó de esta medida y comenzó a recuperar el control sobre Joseon. Los chinos enviaron asesores militares especiales y un ministro de comercio, y también elaboraron un acuerdo con Joseon, que resultó en el Tratado China-Corea de 1882. La mayor dificultad con ese acuerdo fue el hecho de que exigía que Joseon fuera una dependencia de China.

Tratado Joseon-Estados Unidos

Aproximadamente un mes antes del Incidente de Imo, Joseon había firmado un tratado de amistad con los Estados Unidos. El acuerdo indicaba que Joseon era un país independiente, que Estados Unidos se posicionaría del lado de Joseon en asuntos de agresión extranjera, y otorgó a Joseon un estatus de nación favorecida en términos de comercio. Invitaron a un representante estadounidense a establecer una delegación, y Lucius Foote fue enviado a Seúl como embajador de Estados Unidos. A petición de Gojong, a Estados Unidos se le ofrecieron oportunidades para invertir en la construcción de ferrocarriles, tranvías e incluso una mina de oro.

Comienza la modernización agresiva

Muchos miembros del gobierno estaban molestos con la influencia de la reina Min; su familia apoyaba la influencia china, algo con lo que muchos en el país estaban en contra. Cuando estalló un conflicto entre Francia y China, algunos rebeldes vieron el momento perfecto para organizar un golpe de Estado. En diciembre de 1884, se celebró un banquete para celebrar la apertura de la nueva oficina de correos. El rey Gojong fue abordado por Kim Ok-gyun, el líder del golpe Gapsin. Él y sus seguidores se apoderaron del rey y aseguraron la protección de los japoneses en el palacio real. Con el apoyo de los japoneses, este grupo rebelde emitió directrices en nombre del rey y creó un programa de reforma. Algunos de los puntos que cubrieron en su programa fueron:

1. Eliminación de su relación con los Qing.

2. Cese del modelo confuciano de gobernanza e introducción de la libertad para todas las clases.

3. Un nuevo sistema tributario.

4. Establecimiento de la libre empresa.

Luego ejecutaron a seis ministros muy conservadores y los reemplazaron por estadistas más progresistas. Su nuevo gobierno solo duró unos días. Mientras tanto la furiosa reina Min reunía sus propias fuerzas. Pidió apoyo militar a China y liberó a su marido. El recién establecido partido reformista se disolvió, pero casi todos los rebeldes encontraron refugio en Japón. Kim Ok-gyun fue más tarde requerido para ir a China, donde fue asesinado.

Dado que el golpe de Gapsin fue incapaz de detener la propagación de influencias occidentales, en 1885 Joseon construyó hospitales de estilo occidental y tuvo consultores provenientes de países occidentales, que introdujeron nuevos métodos agrícolas. En 1886, Joseon obtuvo un préstamo de China para construir un telégrafo de Seúl a Uiju en las provincias del norte y más tarde obtuvo otro préstamo de Alemania para expandir el telégrafo a otras ciudades importantes.

Acuerdo ruso

En 1884, Gojong y la reina Min también se acercaron a Rusia para sellar un acuerdo de amistad y el establecer el comercio. China estaba molesta por ello e incluso consideró destronar al rey Gojong en respuesta. Joseon luego trabajó en un acuerdo comercial terrestre con Rusia en 1885. Gran Bretaña, alarmada de que Joseon estuviera involucrado en un acuerdo secreto con Rusia, hizo un trato con los chinos para ocupar la isla de Geomundo y fortificarla contra cualquier intrusión. Sin embargo, no era territorio chino, y Joseon se opuso por la fuerza. Gran Bretaña se retiró en 1887, pero la zona se convirtió en un centro de conflicto entre China, Japón y Rusia. Todos ellos querían tener acceso al río Tumen.

Preludio de la guerra

En 1894, una revuelta efímera llamada la rebelión Donghak estalló entre los campesinos, que estaban siendo aplastados por la creciente carga fiscal. Las tropas japonesas que todavía estaban en Corea se movieron para reprimir la revuelta. A medida que se extendían por

Seúl, la reina Min se alarmó y se impuso a su marido para pedir ayuda china. En junio de 1894 llegaron tropas chinas, pero Japón afirmó que habían violado el Tratado de Tientsin de 1885, que establecía que China debía notificar a Japón si entraban en Joseon, y envió tropas japonesas.

Ahora había dos fuerzas extranjeras en Joseon: las de la China Qing y el Japón imperial. Estaban al borde de la guerra, y los primeros campos de batalla de la primera guerra sino-japonesa estaban en Joseon.

Capítulo 7 – De la independencia a la anexión

En julio de 1894 las fuerzas chinas y japonesas se enfrentaron en Asuán, al este de Seúl. Los chinos eran inferiores en número y perdieron el conflicto inicial, por lo que se retiraron a Pyongyang. En agosto, los chinos fueron derrotados en Joseon y se trasladaron más al norte de la ciudad fronteriza de Uiju. Luego trasladaron la guerra a suelo chino.

Propuesta japonesa de reorganización de Joseon

Japón salió victorioso después de la primera guerra sino-japonesa y decidió controlar la política y el desarrollo de Joseon en beneficio de Japón. El ministro japonés de Joseon, Inoue Kaoru, obligó al rey Gojong a nombrar a dos funcionarios pro-japoneses para su gabinete. Luego prevaleció sobre Gojong para establecer una nueva constitución bajo su dirección llamada los "Principios Rectores para la Nación". Tenía ocho ministerios: 1) asuntos exteriores, 2) finanzas, 3) justicia, 5) comercio, 6) educación, 7) defensa y 8) agricultura.

El asesinato de la reina Min

La interferencia de Japón enfureció al rey y a la reina Min, ya que siempre se había inclinado más hacia los chinos. El rey no era tan fuerte, pero la reina Min lo era. Así que en 1895 acudió a Rusia en busca de ayuda. Dos poderosas figuras prorrusas fueron colocadas en el Gabinete, y otros dos ministros projaponeses fueron expulsados. Un hombre japonés, llamado Miura Goro, había sido enviado a Joseon como embajador de Japón con la misión secreta para asesinar a la reina Min. Goro reunió a un grupo de gánsteres, y mataron a los guardias de la reina Min. Irrumpieron en su dormitorio y la arrastraron al patio. Allí, fue macheteada hasta la muerte, y su cuerpo fue quemado. Por temor a su vida, el rey Gojong y su hijo, Sunjong, huyeron a la legación rusa, donde se quedaron durante un año.

El imperio de Corea

En 1897 el rey Gojong regresó. Respondiendo a la presión de las naciones occidentales, el país se declaró definitivamente independiente de Japón y China. Gojong anunció el establecimiento del imperio de Corea, con Gojong como el primer emperador.

Bajo el liderazgo de Gojong, tuvo lugar la reforma de Gwangmu. Rechazó todo el orden mundial de estratos sociales jerárquicos, y su objetivo principal fue la igualdad social. Aunque muchos tenían apellidos, los de las clases bajas no. Según este nuevo sistema, las clases bajas usarían los nombres de sus amos o adoptarían uno de los apellidos comunes en la zona. También se introdujo el concepto de ciudadanía.

Los uniformes militares eran de estilo occidental y eran una imitación de los estilos prusianos. Los diplomáticos llevaban trajes de estilo occidental, e incluso la policía llevaba uniformes de ese tipo.

En 1897, la propiedad de la tierra ya no estaba determinada por los terratenientes, sino por subcontratistas externos que utilizaban equipos de topografía modernos. En 1898, la electricidad llegó a Corea a través de una asociación entre los Estados Unidos y la empresa coreana Hanseong Electric. Una red telefónica ya estaba en vigor en 1896, con el primer teléfono público de larga distancia que se instaló en 1902.

El sistema educativo también se amplió bajo esta reforma, y muchos centros eran dirigidos por misioneros occidentales. Las persecuciones católicas habían terminado, y el catolicismo fue permitido en la década de 1880. Las escuelas secundarias también fueron construidas por el gobierno, incluyendo escuelas vocacionales, y también se erigieron escuelas privadas. Sin embargo, no fue hasta 1905 que se construyeron universidades. Se estableció un sistema de atención de la salud cuando Corea abrió sus puertas al mundo en 1876. En el marco de la reforma de Gwangmu, se desarrollaron plenamente tres sectores, que incluían la salud pública, la atención médica y las regulaciones para los médicos con licencia.

Rusia como protectorado

Rusia elaboró un nuevo acuerdo con Corea en 1898. Querían que Corea llevara a cabo todos los asuntos de Estado a través de un conjunto de asesores rusos, que controlarían el sistema financiero y los asuntos militares. Los rusos entrenaron a las fuerzas coreanas y llegaron a acuerdos económicos con Corea para un contrato de madera de larga duración y derechos mineros exclusivos en las montañas. Además, Corea dedicó algunos de sus puertos a buques rusos y zonas dedicadas a edificios comerciales para el comercio ruso. A cambio de esas concesiones, Rusia proporcionó ayuda monetaria. Una vez que se retirara alguno de esos privilegios, Rusia amenazó con que retendría la ayuda. Este estatus privilegiado incendió a parte del pueblo de Corea, dando lugar a protestas en todo el país.

Rusia había llegado a un acuerdo con China a finales de 1897, lo que permitió a Rusia acceder a Port Arthur, una importante ciudad portuaria en la punta de la península de Liaodong. Japón, que quería acceder a Manchuria y Corea, veía a Rusia como una amenaza para sus ambiciones imperiales. Y tenían buenas razones para preocuparse porque la guerra ruso-japonesa se avecinaba en el horizonte.

Rearme para la guerra rusa-japonesa

En 1903, las tropas rusas se arremolinaron en Manchuria y planearon usar Corea como cabeza de puente. Rusia manipuló a Corea para que se declarara neutral. El Japón, sin embargo, quería mantener parte de su influencia en Corea, por lo que hubo un enfrentamiento entre Japón y Rusia por la no participación de Corea debido a la presencia de personal ruso en el país. Las tropas japonesas fueron enviadas a Seúl y ocuparon algunos edificios gubernamentales. Corea se opuso enérgicamente, por lo que Japón respondió insistiendo en que Corea expulsara a sus representantes rusos. Tan pronto como Corea lo hizo, las empresas japonesas compraron tierras en Corea y construyeron ferrocarriles de Seúl a Pusan para transportar materiales de guerra para las batallas previstas con Rusia. Poco a poco, los japoneses se impusieron en los asuntos coreanos y obligaron al emperador coreano a contratar a un asesor financiero japonés, así como asesores en asuntos policiales, el ministerio de defensa y el ministerio de educación.

Los japoneses llegaron a utilizar Incheon, situado en el noroeste de Corea del Sur, y otros puertos para lanzar ataques navales contra barcos rusos. De hecho, Japón comenzó a ocupar gran parte de Corea para sus preparativos de guerra. Ambos bandos se dedicaron a guerras sangrientas, sobre todo en el mar. A pesar de que los japoneses resultaron victoriosos, el gasto de la guerra casi quebró el país. Rusia estaba en medio de una revolución interna y estaba ansiosa por asentarse. En 1905, el presidente estadounidense Theodore Roosevelt intervino para mediar en el fin de la guerra y condujo las negociaciones en Portsmouth, New Hampshire. Sin embargo, en una discusión secreta llamada memorando Taft-Katsura, los Estados Unidos acordaron que el Japón mantendría sus intereses en Corea a cambio de que Japón permitiera a los Estados Unidos mantener su relación amistosa con Filipinas. No se sabe con certeza lo que sucedió durante esta reunión, ya que fue muy reservado.

Una vez que el Tratado de Portsmouth, que puso fin a la guerra ruso-japonesa, se hizo público en 1905, el emperador Gojong y el pueblo coreano organizaron protestas. El emperador coreano dijo: "Declaro que el llamado tratado de protectorado recientemente celebrado entre Corea y Japón fue una extorsión bajo coacción y, por lo tanto, es nulo". En 1907, Gojong envió delegados a la Conferencia de Paz de La Haya para protestar contra el tratado, pero sus esfuerzos no tuvieron éxito.

El príncipe Ito Hirobumi, que fue nombrado Residente General de Corea, proclamó que el emperador coreano había actuado en contra del tratado con sus acciones. Como resultado, Gojong se vio obligado a abdicar de su trono. Después de eso, su hijo, Sunjong, heredó el trono, pero era menor de edad y básicamente impotente.

En 1910, se elaboró un tratado de anexión entre Japón y Corea a través del Residente General, que se ocupó del papel del Japón en Corea. El emperador Sunjong se negó a firmarlo, así que el primer ministro de Corea, Ye Wanyong, planteó preguntas sobre la legalidad del documento. Sin embargo, a pesar de estas cuestiones, Corea fue anexionada por Japón en 1910, disolviendo el imperio coreano.

Gobierno por represión

Después de que Corea hubiera llegado tan lejos en sus esfuerzos hacia la independencia y las actitudes más liberales que formaban la base para los partidos políticos, los señores japoneses hicieron retroceder al país hacia una jerarquía de estatus de tipo feudal. No había libertad de expresión, y la representación coreana no estaba permitida en los puestos superiores de la administración pública. Era un tipo de gobierno

Los japoneses araron y compraron tanta tierra como pudieron porque los terratenientes coreanos no podían pagar el aumento de los impuestos debidos al precio del riego, y perdieron las tierras que sus familias habían tratado de ganar a lo largo de mucho tiempo.

En 1912, el Gobernador General, un cargo que estaba por encima del Residente General a finales de 1910 y estaba en manos de Terauchi Masatake en ese momento, aprobó leyes que otorgaban la propiedad de tierras coreanas a los japoneses que residían en Corea. Los coreanos se convirtieron en agricultores arrendados y tuvieron que pagar a los japoneses, dejando poco beneficio para sí mismos. Los coreanos estaban al borde de la inanición. Algunos de los agricultores que no eran necesarios en Corea fueron asignados para ir a Japón continental y otras islas del Pacífico Sur para trabajar para ellos en la construcción, la minería y la producción naval. En el mismo año, Japón creó el "Reglamento para las Asociaciones Pesqueras", que permitía trabajar no solo a los pescadores coreanos, sino también a los japoneses. Había unos 90.000 pescadores japoneses, y agotaron los peces de los que dependían los coreanos. En 1918, Japón aprobó la Ordenanza Forestal de Corea. Las empresas madereras japonesas vertieron y talaron árboles para proporcionar madera a Japón. La tierra despejada fue entonces dada a los terratenientes japoneses para la granja.

En términos de identidad cultural, el objetivo de Japón era "absorber" a los coreanos en su forma de vida. Según un colono japonés en ese momento, "El pueblo coreano será absorbido por los japoneses. Hablarán nuestro idioma, vivirán nuestra vida y serán una parte integral de nosotros".

Sin embargo, en los siguientes diez años hubo más libertades y se pudieron formar partidos políticos. Incluso se permitió a los coreanos formar sindicatos y publicar sus propios periódicos, aunque fueron fuertemente censurados.

Los libros de historia coreanos utilizados en las escuelas se editaron para asegurarse de que Japón fuera visto de la manera más positiva posible. La historia fue resumida de tal manera que eliminaron cualquier referencia a asuntos fuera de la península de Corea. Entre 1910 y 1922, muchas escuelas privadas fueron cerradas, reduciendo el número de 2.000 a 600.

Japón estuvo involucrado en la Primera Guerra Mundial entre 1914 y 1918 en un papel auxiliar. Corea no estaba directamente involucrada, pero las mujeres coreanas y las adolescentes fueron acorraladas y obligadas a ser "mujeres de confort" para las tropas japonesas, en otras palabras, esclavas sexuales. Algunas de ellas fueron secuestradas de sus hogares, pero la mayoría de ellas fueron atraídas por falsas promesas de trabajo u oportunidades educativas. Una sobreviviente coreana, Yun Doo Ri, declaró esto sobre su horrenda experiencia con un soldado japonés: "Rápidamente me derribó y comenzó a empujar su cosa dentro de mí. Sucedió tan rápido. Me encontré sangrando. No sabía de dónde venía la sangre. Sólo sentí dolor. Tenía quince años". Estas mujeres y niñas fueron maltratadas, y más tarde los historiadores escribieron que solo una cuarta parte de estas niñas sobrevivieron.

En 1919, hubo una gran protesta coreana que exigió su independencia. Fue llamado el Movimiento del 1 de marzo, y aunque las manifestaciones fueron pacíficas, se envió a soldados japoneses para reprimir el levantamiento. Alrededor de dos millones de coreanos participaron en las más de 1.500 manifestaciones que tuvieron lugar en todo el país. Los coreanos creen que casi 7.500 coreanos fueron asesinados, mientras que los oficiales japoneses en ese momento sólo reportaron 553 muertes; aunque no se sabe con certeza cuántos murieron, es más que probable fueran varios miles. A pesar de las muertes, el ímpetu de la independencia creció entre los coreanos.

Capítulo 8 – Corea en guerra

Corea en la Segunda Guerra Mundial

En 1939, más de treinta países participaron en la Segunda Guerra Mundial, que comenzó cuando la Alemania nazi invadió Polonia. Cuando los japoneses atacaron la base naval estadounidense en Pearl Harbor, Hawái, en diciembre de 1941, Estados Unidos entró en la guerra.

Japón había anhelado durante mucho tiempo el dominio del Pacífico, junto con sus islas circundantes y los países del sudeste asiático. Los países del Pacífico Sur ofrecían enormes oportunidades para el comercio y la riqueza. La eliminación de la mayor parte de la Marina de los Estados Unidos habría impedido a los Estados Unidos involucrar a Japón en el escenario del Pacífico. Japón ya había anexionado Manchuria, cerca del continente chino, e instaló allí un gobierno de marionetas. Como parte de sus ambiciones de expandir el imperio japonés, se habían aliado con las potencias del Eje de Alemania e Italia con el fin de completar la conquista de China, junto con los reinos insulares en el Pacífico Sur.

Japón reclutó a cinco millones de coreanos para su guerra civil. Muchos de ellos eran residentes japoneses que originalmente habían venido de Corea durante la ocupación japonesa del país. Se les llama coreanos *zainichi* y, de hecho, constituyen el segundo grupo étnico minoritario más grande de Japón hoy en día. Estas personas trabajaban en minas y fábricas de armas para los soldados japoneses en el frente. Las condiciones de trabajo eran deplorables, y hasta 60.000 de ellos murieron.

De los 300.000 coreanos que voluntariamente solicitaron unirse al Ejército Imperial Japonés fueron aceptados alrededor del dos por ciento. Cuando Japón necesitó más soldados en 1944, llevaron a otros 200.000 hombres coreanos.

A principios de agosto de 1945, Estados Unidos lanzó bombas atómicas sobre Nagasaki e Hiroshima. Aunque la Segunda Guerra Mundial ya había terminado en la escena europeo, este movimiento puso fin a la guerra en el Pacífico. Los Aliados, que incluían a Estados Unidos, China, Gran Bretaña y la Unión Soviética, entre otros países, decidieron despojar a Japón de todas sus conquistas en el Pacífico Sur, incluida Corea.

Sin embargo, antes de que terminara oficialmente la Segunda Guerra Mundial, la Unión Soviética invadió el gobierno títere japonés en Manchuria, comenzando la guerra soviético-japonesa unos días después de que las bombas cayeran sobre Japón. Como resultado de esta guerra, la Unión Soviética ocupó el norte de Corea. Y los Estados Unidos, temiendo la expansión rusa, entraron para ocupar la parte sur en septiembre de 1945. El 12 de septiembre se estableció la República Popular de Corea, que dividió a Corea en zonas, con la Unión Soviética en el norte y los Estados Unidos en el sur. La Unión Soviética trabajó con el comité popular local establecido allí, llevando a cabo amplias reformas y redistribuyendo la tierra japonesa a los agricultores pobres. Las viejas clases establecidas no estaban contentas con esto, y surgieron protestas. Muchos huyeron hacia el sur. Los Estados Unidos, en cambio, se negaron a reconocer a la República Popular de Corea, ya que tenía elementos comunistas, y la prohibieron tres meses después de su establecimiento. Esto llevó a las personas que apoyaban la República Popular a levantarse; se estima que entre 30.000 y 100.000 personas murieron en las campañas militares contra estos insurgentes en el transcurso de varios años.

En la Conferencia de Moscú de diciembre de 1945, se acordó que la Unión Soviética, los Estados Unidos, la República de China y Gran Bretaña formarían parte de un fideicomiso sobre Corea, que terminaría en cinco años cuando Corea sería declarada independiente y unificada bajo un solo gobierno. Aunque muchos coreanos querían su independencia, el fideicomiso se puso en marcha. Entre 1946 y 1947 se estableció una comisión soviético-estadounidense para abordar los problemas de un gobierno unificado, pero no logró ningún progreso. Las tensiones de la Guerra Fría ya estaban empezando a verse, y los coreanos se oponían fuertemente al fideicomiso, lo que dificultaba llegar a acuerdos concluyentes. A medida que la comisión discutía, las divisiones entre las dos zonas solo se profundizaron; en mayo de 1946, era ilegal cruzar el paralelo 38, la línea que dividía las dos zonas, sin permiso.

Dado que la comisión no estaba progresando, las discrepancias fueron llevadas a las Naciones Unidas en 1947. La ONU decidió que Corea debería elegir una asamblea nacional para todo el país y hacer que la ONU supervisara las elecciones. Los soviéticos rechazaron cualquier forma de elección, y por ello las elecciones sólo se celebraron en el sur. Los coreanos vieron este acontecimiento como la inevitable división de su país, y comenzaron a protestar contra las elecciones en 1948. Sin embargo, las elecciones generales tuvieron lugar en mayo. En agosto, la República de Corea comenzó a regirse con directrices del gobierno de los Estados Unidos. Syngman Rhee, un político anticomunista y proestadounidense, fue el presidente. En el norte, la República Popular Democrática de Corea se estableció a principios de septiembre, con Kim Il-sung, un comunista que había trabajado duro para sacar a los japoneses de su país, como primer ministro. Corea se dividió oficialmente en dos.

El levantamiento de Jeju

Jeju, una isla surcoreana, protestó vehementemente contra las elecciones de 1947 un año antes incluso de que se llevaran a cabo, ya que sabían que conduciría a la división de Corea. El Partido Laborista de Corea del Sur, o el Partido de los Trabajadores de Corea del Sur, una organización comunista, dirigió la mayoría de estas protestas. A medida que pasaba el tiempo, y a medida que las elecciones se acercaban, las protestas se hicieron más frecuentes y más violentas.

El 3 de abril de 1948, 500 rebeldes, junto con otras 3.000 personas que apoyaban su causa, atacaron el grupo de derechas Northwest Youth League, así como las comisarías de policía. El teniente general Kim Ik-ryeol intentó resolver el problema pacíficamente, pero las dos partes no pudieron ponerse de acuerdo: el gobierno quería que los rebeldes se rindieran por completo, mientras que los rebeldes querían que la policía fuera desarmada, que todos los funcionarios del gobierno fueran despedidos, la prohibición de los grupos paramilitares y la reunificación de la península coreana. Estados Unidos envió fuerzas para ayudar a aplastar a los rebeldes y ejercieron presión durante un tiempo. Pero a finales de abril, el gobernador coreano de Jeju desertó y se unió a los rebeldes y otros militares se unieron a él.

Los combates continuaron, repuntando durante la semana electoral. Estados Unidos temía que los rebeldes pudieran tener éxito en su afán por detener las elecciones y ordenó un bloqueo de la isla para evitar que los simpatizantes del continente llegaran a Jeju. Los rebeldes no fueron tan activos durante el verano, pero se recuperaron cuando las elecciones en Corea del Norte estaban a punto celebrarse y convocaron elecciones clandestinas para aquellos que quisieran participar. La República de Corea envió fuerzas para ayudar a detener estas actividades, pero no tuvieron éxito, y un regimiento decidió ayudar a los rebeldes. El presidente de la república, Syngman Rhee, se vio obligado a declarar la ley marcial a mediados de noviembre de 1948. A finales de 1948, sus duras tácticas habían dañado significativamente a las fuerzas rebeldes. Consiguieron lanzar una última ofensiva, pero básicamente se hicieron.

Muchos civiles murieron durante este levantamiento, la mayoría de ellos a manos de la República de Corea y los Estados Unidos. Se cree que 14.373 civiles murieron. La cifra total de muertos asciende a 100.000. Alrededor del setenta por ciento de las aldeas de la isla fueron incendiadas, y descubrimientos recientes han encontrado fosas comunes de cuerpos.

Este suceso fue mayormente enterrado en la historia. Durante casi cincuenta años después del levantamiento, era un crimen para cualquier surcoreano mencionar incluso los acontecimientos del levantamiento de Jeju. Eran castigados con palizas, torturas y/o una larga pena de prisión. En la década de 1990, sin embargo, el gobierno de Corea del Sur admitió abiertamente las atrocidades que tuvieron lugar en la isla, y en 2006, emitió una disculpa oficial.

La guerra de Corea

Cuando terminó la Segunda Guerra Mundial se reanudó la guerra civil china, que fue entre el gobierno de la República de China, liderado por el Partido Nacionalista Chino, y el Partido Comunista de China. A finales de septiembre de 1949, Mao Zedong estableció la República Popular China; y en agosto de 1950, el Partido Comunista de China había ganado la guerra, poniendo a Mao Zedong al cargo.

Sin embargo, antes de que la guerra terminara por completo había comenzado una nueva. En marzo de 1949, Kim Il-sung visitó a Stalin en Moscú y propuso una reunificación forzada de Corea. Stalin estuvo de acuerdo, pero quería esperar para atacar, ya que las circunstancias no eran del todo apropiadas. En la primavera de 1950, Stalin creía que había llegado el momento; Mao Zedong había conseguido su victoria final en China, y Estados Unidos se había retirado de Corea. Dado que Estados Unidos no ayudó en la guerra civil china, Stalin asumió que no volverían a Corea para detener la propagación de la influencia comunista. Como la Unión Soviética había estado suministrando armas a Corea del Norte, Corea del Sur se estaba inquietando, ya que intuía que la guerra era inminente. Muchos enfrentamientos estallaron a lo largo del paralelo 38.

El 25 de junio de 1950, el ejército norcoreano cruzó el paralelo 38 e invadió Corea del Sur. Estados Unidos, preocupado de que esto pudiera desembocar en otra guerra mundial, se posicionó contra Corea del Norte, y acudió a las Naciones Unidas. Las Naciones Unidas condenaron la invasión y decidieron ayudar a Corea del Sur. El general estadounidense Douglas MacArthur lideró la operación para expulsar a los norcoreanos y restaurar la paz. Estados Unidos constituyó la mayor parte de la fuerza, pero más países se ofrecieron como voluntarios para unirse a la fuerza de las Naciones Unidas o contribuir de alguna manera al esfuerzo bélico.

Primera batalla de Seúl (del 25 de junio al 28 de junio de 1950)

Después de que Corea del Norte cruzara el paralelo 38, marcharon hacia Seúl. Usando un estilo de ataques *blitzkrieg*, que los surcoreanos no pudieron detener, se apoderaron fácilmente de la capital en tres días. Se aconsejó a los residentes de Seúl que informaran sobre cualquiera que fuera sospechoso de apoyar a Corea del Sur y a la ONU. Los antiguos periódicos coreanos fueron prohibidos, y una foto de Kim Il-sung apareció en la primera página de un periódico comunista recién publicado. En el artículo se culpaba de la guerra a Syngman Rhee, el presidente surcoreano. "Tu amargo enemigo es el traidor Syngman Rhee, la herramienta del imperialismo estadounidense".

Batalla de Osan (5 de julio)

Una fuerza estadounidense se trasladó a Osan, al sur de la capital coreana de Seúl, para repeler a los norcoreanos. Desafortunadamente, la fuerza estadounidense no estaba bien equipada y solo tenía 400 soldados de infantería y una batería de artillería. Los norcoreanos, por su parte, contaban con unos 5.000 soldados y tenían tanques soviéticos para respaldarlos. Estados

Unidos solo pudo retenerlos de manera temporal y los norcoreanos invadieron a los estadounidenses. Esta batalla marcó el primer enfrentamiento entre las fuerzas estadounidenses y norcoreanas.

Batalla de Pyongtaek (6 de julio)

Los estadounidenses se retiraron al sur, hacia la ciudad de Pyongtaek. Todavía no tenían la potencia de fuego que necesitaban y se reagruparon allí. También fueron a en Cheonan, que estaba más al sur. La munición se agotó y el equipo de comunicaciones aún no había sido enviado. Teniendo en frente los tanques T-34 fuertemente blindados suministrados por los soviéticos, los soldados entraron en pánico y se retiraron.

Batalla de Cheonan (del 7 de julio al 8 de julio)

Después de recibir algunas municiones y equipos, el 34.º Regimiento de infantería de los Estados Unidos y la 24.ª División de infantería intentaron enfrentarse a los norcoreanos al norte de la ciudad de Cheonan. El batallón de infantería estableció un perímetro defensivo el 7 de julio, y al anochecer, comenzaron el ataque a los norcoreanos, que habían llegado desde el este y se habían dividido en dos columnas. La unidad de artillería del campo 63, que estaba ayudando al regimiento de infantería, embistió a los norcoreanos y logró retener a algunos de ellos.

En este momento la segunda columna de los norcoreanos llegó al noroeste, apoyada por los tanques. Destruyeron los vehículos de motor por si algún estadounidense todavía estaba escondido en ellos. El coronel Robert Martin, el nuevo comandante del regimiento 34, perdió la vida después de ser alcanzado por el fuego de un tanque. Mientras los norcoreanos seguían llegando, las tropas del frente se vieron obligadas a retirarse, y el 1º batallón se retiró bajo el fuego de los morteros.

Batalla de Chochiwon (del 10 de julio al 12 julio)

Obligado a moverse aún más hacia el sur, el recién asignado 21.º Regimiento de infantería de los Estados Unidos tenía órdenes de retrasar aún más a los norcoreanos en su avance hacia el sur. Necesitaban tiempo para que más hombres y equipos pudieran ser transportados a Corea del Sur. Para sorpresa de las fuerzas estadounidenses y de la ONU, había 20.000 norcoreanos y solo 2.000 estadounidenses y surcoreanos para luchar en Chochiwon. Los ataques aéreos fueron llevados a cabo por aviones de combate estadounidenses llamados Mustangs, e infligieron mucho daño a algunos de los poderosos tanques soviéticos.

El I Batallón, que solo había ocupado posiciones de respaldo en Cheonan, ahora estaba en pleno combate con los norcoreanos. El III Batallón tenía una posición más alta en una cresta y recuperó algo de terreno. También pudieron rescatar a algunos hombres heridos de los ataques que habían ocurrido más temprano en el día. Los norcoreanos tenían una multitud de ametralladoras y golpearon fuertemente las posiciones de la ONU. Muchos de los soldados de infantería se quedaron sin munición y tuvieron que participar en combate cuerpo a cuerpo. Las tropas de la ONU perdieron 409 hombres, 140 fueron heridos y 230 capturados. A pesar de estas pérdidas, el 21.º Regimiento de infantería fue elogiado por su trabajo, ya que lograron retrasar a los norcoreanos el tiempo suficiente para que la 24ª División de infantería estableciera defensas alrededor de Taejon.

Batalla de Taejón (del 14 de julio al 21 de julio)

Soldados estadounidenses del III Batallón y el 34ª Regimiento de infantería fueron disparados por los norcoreanos desde el otro lado del río Kum. No alcanzaron las posiciones de infantería estadounidense, que estaban en terrenos más altos. Rápidamente los norcoreanos cruzaron el río y dispararon proyectiles de mortero y artillería. Debido a que tenían muy poco equipo de comunicación, los norcoreanos fueron capaces de rodear a la infantería estadounidense. El I Batallón, que estaba más al norte, también fue atacado con fuerza, pero fue capaz de contener a los norcoreanos hasta que sus hombres pudieron ponerse a cubierto. Otro grupo de norcoreanos cruzaron el río, logrando capturar un puesto avanzado del LXIII Batallón de artillería. Consiguieron destruir líneas de comunicación y vehículos, así como causar grandes pérdidas. Los sobrevivientes se retiraron hacia el sur a pie.

Estados Unidos envió más fuerzas que se situaron en la parte oeste del río. Trajeron armas antitanque, como RPGs (granadas propulsadas por cohetes), al frente de combate. En ese momento, las fuerzas norcoreanas enviaron un gran número de nuevas tropas contra el 19.ª Regimiento de infantería, pero no fueron capaces de detenerlos. En el cuerpo a cuerpo, las líneas de suministro estadounidenses fueron bloqueadas. El II Batallón se trasladó para romper los obstáculos que se habían establecido para detener sus líneas de suministro. Sin embargo, sufrieron graves bajas y no pudieron hacerlo.

Parte de esta pelea en Taejon fue en realidad la intención de establecer una línea defensiva para detener el avance norcoreano y controlar el río Nakdong, afluente del Kum. Así, el general de brigada William Dean, comandante del 24.ª Regimiento de infantería, recibió la orden de retener a los norcoreanos durante todo el tiempo que pudiera.

Mientras Dean defendía esa zona, los norcoreanos rodearon la ciudad de Taejon, atrapando los Regimientos 24.º y 34.º de Infantería que tenía su sede allí. Los norcoreanos comenzaron a ocupar edificios, y hubo intensos combates durante dos días, con más norcoreanos entrando, a menudo disfrazados de granjeros. El general de brigada Dean estaba allí dirigiendo a sus hombres. Fue capturado y convertido en el prisionero de más alto rango durante esta guerra, pero su identidad no se conoció hasta mucho más tarde.

A pesar de haber luchado valientemente, los estadounidenses se vieron obligados a retirarse cuando los norcoreanos tuvieron la ciudad casi rodeada. Cerca de 922 estadounidenses murieron, 228 fueron heridos y 2.400 desaparecieron en acción. Los historiadores dijeron más tarde que algunos de esos soldados desaparecidos o que habían sido capturados fueron ejecutados inmediatamente después de la batalla.

Aunque la batalla fue una pérdida para los estadounidenses y surcoreanos, sirvió para el propósito crucial de ganar tiempo hasta que sus fuerzas pudieran establecer un perímetro defensivo muy fuerte en el extremo sureste de Corea del Sur, que incluía Pusan.

Batalla del perímetro de Pusan (del 4 de agosto al 18 de septiembre)

En este punto de la guerra, Gran Bretaña se unió a las fuerzas de la ONU. En la batalla de Taejon, las fuerzas de la ONU tuvieron que retirarse. Sin embargo, un mes más tarde, en agosto, la ONU volvió a aflojar el control de Corea del Norte cerca del río Kum. Esta vez, se centraron en cortar las líneas ferroviarias que enviaban suministros a las tropas norcoreanas. Volaron los puentes ferroviarios clave y ordenaron ataques aéreos con los escuadrones de bombarderos estadounidenses. Los norcoreanos carecía de una defensa aérea adecuada, y muchos de sus camiones de transporte fueron destruidos. Los buques británicos, junto con los de Australia, Canadá, Nueva Zelanda y los Países Bajos, descargaron 600 tanques y más hombres y armas.

El grupo operativo Pohang despejó a las tropas norcoreanas de las regiones montañosas, y grupo operativo Bradley libró batallas terrestres para defender Pohang e invadir a los norcoreanos en Anjang-ni. Se enfrentaron a los norcoreanos en el río Nakong, donde habían estado antes de la batalla de Taejon.

En agosto, las tropas del Ejército Popular de Corea (EPC) recibieron refuerzos de las fuerzas de Corea del Norte. Sin embargo, sus líneas de suministro no eran suficientes y tuvieron problemas para cubrir todo el perímetro. Esa era una debilidad que podía ser explotada por las tropas de la ONU.

Asegurar el control sobre el río Nakdong fue esencial para determinar el resultado de esta batalla. A mediados de agosto, el general MacArthur inició un bombardeo en las posiciones del EPC. Esto fue algo eficaz porque redujo el número de fuerzas norcoreanas que intentaban penetrar en el sur y rompió su perímetro.

A finales de agosto, el ejército sufrió una gran escasez de suministros y pérdida de su equipo. En ese momento, las fuerzas terrestres de la ONU superaban en número a los norcoreanos. Concentraron sus fuerzas y rompieron el perímetro de Pusan en algunos lugares. Los combates fueron intensos en Amán, Kyongju, el Naktong Bulge (un segmento de tierra más alta cerca del río), el río Nam, Jongsan, Taegu y Kasan. Esto fue conocido como la Gran Ofensiva de Naktong.

Mientras los enfrentamientos se combatían brutalmente en las regiones de Pusan, la ONU llevó a cabo sus planes sigilosamente establecidos para crear un asalto anfibio en Incheon llamado operación Cromita. El EPC fue atrapado por esta mortífera sorpresa y comenzó a retirarse hacia el norte para escapar de la zona de Pusan.

Esta batalla fue uno de los primeros enfrentamientos cruciales en la guerra, y se duró durante diez sangrientos días. El soldado Roy Alridge dijo: "Si no hubiéramos mantenido las líneas en Pusan, hoy no habría Corea del Sur".

Una vez que la mayoría de las rutas de suministro para los norcoreanos habían sido cortadas, y el EPC se enfrentaba a crecientes ofensivas de las tropas de la ONU, comenzaron un retiro humillante. La batalla del perímetro de Pusan fue una victoria rotunda para las tropas de la ONU.

Las bajas fueron muy numerosas en Pusan. Los surcoreanos tuvieron más de 40.000 bajas, mientras que los norcoreanos perdieron a casi 64.000.

Batalla de Inchon (del 10 de septiembre al 19 de septiembre)

Los norcoreanos estaban retrocediendo del perímetro de Pusan, por lo que Douglas MacArthur planeó un contraataque para retomar el área de Seúl. Esta operación fue un asalto anfibio en la ciudad sureña de Inchon, que involucró a unos 75.00 soldados y 261 barcos. La victoria decisiva de la ONU no solo aumentó la moral, sino que también permitió a las fuerzas de la ONU recuperar Seúl dos semanas después. En este audaz empuje hacia el norte, las fuerzas de la ONU fueron capaces de resistir a las tropas chinas y norcoreanas e incluso llegaron hasta el río Yalu, situado en la frontera de Corea del Norte y China.

El armisticio

A mediados de diciembre, Estados Unidos estaba tratando de discutir los términos de paz para poner fin a la guerra. El presidente surcoreano Syngman Rhee estaba a favor de unificar toda la península coreana bajo su mando y no quería que las conversaciones de paz se produjeran. Kim Il-sung tampoco quería entrar en estas conversaciones, pero fue empujado a participar por la República Popular de China y la Unión Soviética, cuya ayuda era necesaria para ganar la guerra de todos modos.

Las conversaciones de paz comenzaron en junio de 1951 y se desarrollaron con lentitud. El 27 de julio de 1953 se firmó el Acuerdo de Armisticio de Corea. No se trata de un tratado de paz, sino de un alto el fuego, por lo que no se establecieron relaciones pacíficas entre los dos países. El armisticio estableció la línea de demarcación militar y la zona desmilitarizada coreana (ZDC). La ZDC fue diseñada para ser una zona de amortiguamiento entre las dos naciones y tiene 4 kilómetros de ancho y 250 kilómetros de largo. Es custodiada por tropas de ambos lados y en 2018 fue la frontera nacional más fuertemente defendida del mundo. Dado que no hubo un tratado de paz, y Syngman Rhee incluso se negó a firmar el acuerdo, las hostilidades entre las dos naciones siguen existiendo hoy en día.

Además de ser conocida como la guerra que finalmente dividió a Corea, esta guerra también es conocida por los numerosos crímenes de guerra cometidos durante ella. En diciembre de 1950, el presidente surcoreano, Syngman Rhee, estaba furioso por la caída de Pyongyang y ejecutó comunistas y partidarios de la oposición en lo que se conoce como la masacre de la Liga Bodo. Se estima que murieron al menos entre 60.000 y 200.000 personas. En julio de 1950, militares estadounidenses mataron a un número desconocido de refugiados surcoreanos al sureste de Seúl, creyendo que eran soldados del EPC. El lado surcoreano no fue el único que cometió tales atrocidades, aunque están mejor documentados que los norcoreanos. El 28 de junio de 1950, entre 700 y 900 pacientes y personal médico fueron asesinados por el EPC en la masacre del Hospital Universitario Nacional de Seúl. El EPC también ha sido acusado de golpear, matar de hambre y ejecutar a prisioneros de guerra, aunque niegan que tales afirmaciones ocurran de manera generalizada. Una de esas masacres que no niegan es la masacre de Hill 303, donde 42 prisioneros de guerra estadounidenses fueron fusilados por el EPC. Esto llevó a los comandantes a promulgar directrices más estrictas sobre cómo tratar a los prisioneros de guerra.

Capítulo 9 – Corea del Norte

El comunismo había sufrido cambios evolutivos durante el siglo XX y se había dividido en marxismo-leninismo, estalinismo, maoísmo (llamado así por Mao Zedong de la República Popular de China), y un tipo de comunismo promovido por Nikita Jrushchov cuando fue primer ministro de la Unión Soviética de 1958 a 1964.

Stalin había fomentado una especie de "culto a la personalidad" que Jrushchov aborrecía. Promovía una especie de culto a los líderes, y Jrushchov prefirió devolver el comunismo a los ideales del colectivismo nacional y el socialismo. Stalin, por su lado, inundó el país de autorretratos y controló la prensa de tal manera que era su altavoz personal. En su comunicado, "Sobre el culto de la personalidad y sus consecuencias", Jrushchov calificó su proceso de "desestalinización" y dio más autoridad a la dirección del partido. Al igual que Stalin, Kim Il-sung creía fervientemente en este enfoque de culto. Los libros de historia publicados durante su administración fueron revisionistas, y la facción guerrillera de Kim durante la Segunda Guerra Mundial liberó a Corea de la dominación japonesa para impresionar a Corea del Norte su experiencia en liderazgo.

Cuando Kim Il-sung llegó al poder, había cuatro facciones políticas básicas: 1) la facción prosoviética, que estaba formada por coreanos que habían vivido en la Unión Soviética desde el siglo XIX; 2) la facción doméstica, compuesta por coreanos que vivían en Corea pero eran abiertamente antijaponeses porque muchos habían sido encarcelados por los japoneses durante la ocupación; 3) la facción Ya'an, integrada por exiliados coreanos que vivían en China y se unieron al Partido Comunista de China; y 4) la facción Guerrilla, que siguió a Kim Il-sung y que luchó por el ejército soviético en Manchuria y más tarde se trasladó a la Unión Soviética.

Uno a uno, Kim eliminó a sus rivales políticos. En 1955, Pak Hon-yong, uno de los principales líderes del movimiento comunista en Corea, fue arrestado en una purga para librar a Corea del Norte de los miembros del Partido de los Trabajadores de Corea y más tarde fue ejecutado. La verdadera razón de su eliminación, sin embargo, fue su capacidad para atraer a grandes grupos a su causa.

Tres años más tarde, Kim continuó con su purga de posibles rivales. En 1958, el líder de la facción Ya'an, Kim Tu-bong "desapareció" misteriosamente. El líder de la facción prosoviética fue encarcelado en Pyongyang y asesinado por la policía secreta en Corea en 1960. Los miembros de la facción prosoviética se unieron al grupo de Kim Il-sung o continúan viviendo en la Unión Soviética. Kim Il-sung

Otro individuo notable, Li Sangjo, que era el embajador ruso en Corea del Norte, declaró que la lucha revolucionaria de la ideología comunista estaba representada por Kim como sus propios esfuerzos personales para derrocar a los señores japoneses y que exageraba su propio papel en la "liberación de Corea". Su campaña estuvo dominada por presentarse como "sabio", un "genio" y un "comandante de hierro".

Kim tenía poder absoluto en el país. Corea del Norte, hasta el día de hoy, promueve la autosuficiencia, o *Juche,* como un ideal de Estado, lo que indica que Corea del Norte es autosuficiente y verdaderamente independiente. El concepto *Juche* promueve la sostenibilidad económica a través de su propia agricultura, y por ello, Kim aisló a Corea del Norte del resto del mundo.

El sistema Songbun

En 1958, Kim dividió a la población en tres categorías: 1) la clase principal, que era considerada fiel seguidora del régimen; 2) la clase vacilante, que era percibida como ambivalente hacia Kim y los ideales de su partido; y 3) la clase hostil, aquellos que eran abiertamente hostiles o tenían el potencial de ser hostiles hacia el gobierno norcoreano. La clase principal consistía en trabajadores de la agricultura o fábricas, así como personas de alto rango que servían en puestos gubernamentales. El grupo vacilante estaba compuesto por los coreanos comunes y corrientes que no se preocupaban mucho por la política o estaban desinformados. El grupo hostil estaba formado por antiguos terratenientes, ya que eran los más propensos a rebelarse contra Kim Il-sung y el gobierno. Con la excepción de la clase principal, la sospecha se mantuvo con aquellos percibidos como vacilantes u hostiles, independientemente de sus acciones futuras.

Agricultura en Corea del Norte

Juche está en el centro de la agricultura en Corea del Norte. En la década de 1950 se estableció un sistema de distribución pública, que exigía que los agricultores entregaran el setenta por ciento de sus productos al gobierno para su distribución a áreas urbanas que no podían cultivar productos alimenticios. Sin embargo, sólo el diecisiete por ciento de la tierra en Corea del Norte puede ser cultivada, ya que la mayor parte de la nación es montañosa. Las elevaciones altas son rocosas y desiguales, lo que no es adecuado para la agricultura, aunque algunos pastoreos de ganado son posibles en las elevaciones más bajas. La estación cálida dura solo tres meses y es muy lluviosa. Por lo tanto, existe el potencial de inundaciones que pueden arruinar los cultivos. Las inundaciones, sin embargo, favorecen la agricultura de arroz si se planta en laderas y terrazas. Esto sólo es posible en las zonas meridionales de Corea del Norte, ya que hace demasiado frío al norte para hacerlo. Muchos agricultores abandonaron las tierras en busca de trabajos de manufactura, posiciones de bajo nivel en el gobierno o en el servicio civil, o se inscribieron en el ejército. Muchos granjeros y sus familias murieron de hambre.

Los agricultores trabajan hoy en día en granjas estatales y granjas colectivas, que son enormes extensiones de tierra cultivadas por grandes grupos de agricultores. Desafortunadamente, sufren de desastres naturales, como inundaciones y períodos de sequías. Los alimentos se transportan a las zonas de la ciudad y se distribuyen allí. Muchos de los cultivos son desviados para el consumo por la élite y los militares primero y luego a los trabajadores de la fábrica y ciudadanos de las áreas urbanas.

Aquellos que poseen algunas tierras alrededor de sus hogares a menudo cultivan sus propios huertos para sus familias y vecinos. La mecanización es escasa y las reparaciones de las máquinas son difíciles por la falta de piezas de repuesto, lo que hace que la agricultura sea un proceso intensivo de mano de obra. Además, faltan fertilizantes y elementos bioquímicos que mejorarían la producción de cultivos. El sistema de distribución destinado a todo un país es logísticamente muy engorroso, y hay retrasos significativos en la entrada de alimentos a los mercados. Eso provoca que los alimentos se tengan que racionar posteriormente.

En la década de 1990 se introdujeron algunos mecanismos, y se puso en marcha un sistema de riego en las zonas más áridas. La lluvia y el arroz se cultivan más fácilmente en Corea del Norte ahora, pero todavía hay una falta de proteína en la alimentación debido a la menor ingesta de productos animales, huevos y legumbres. La deficiencia de proteínas es extremadamente grave, lo que provoca debilidad muscular e incluso acumulación de líquido y edemas. Las áreas de tierra cultivable son propicias para el cultivo de arroz, patatas, soja, remolacha azucarera, morera, trigo sorgo, cebada y mijo.

La escasez de alimentos es común en Corea del Norte. El Programa mundial de alimentos estima que se necesitan seis millones de toneladas de grano para alimentar a la población, pero solo se producen tres millones de toneladas de grano. A mediados de la década de 1990, Corea del Norte tenía una enorme escasez de alimentos. Entre 1992 y 1998, se estimó que casi tres millones de personas murieron de hambre. En 2006, la producción de trigo y cebada disminuyó en casi un ochenta por ciento, causando hambrunas. Esta escasez se debió al agotamiento del suelo y al hecho de que muchos agricultores optaron por trabajar en las ciudades si podían.

El declive de la economía en Corea del Norte está empeorando progresivamente. En 2014, Corea del Norte aprobó la Ley de empresas, que permitía a algunas empresas unirse con extranjeras y comerciar con otros países. El doctor Mitsuhiro Mimura, un consultor japonés, visitó Corea del Norte en numerosas ocasiones y dijo que era "la economía avanzada más pobre del mundo". La mayor parte de su dinero es dedicado al desarrollo nuclear y la defensa en lugar de los avances agrícolas.

Industrialización

Corea del Norte opera sobre los principios de una "economía de mando", lo que significa que el gobierno determina qué productos se fabrican, la cantidad que se debe hacer y los precios que se cobran por los bienes. Después de la guerra de Corea, Corea del Norte invirtió en la industria pesada. Los tractores, excavadoras y generadores fueron fabricados y exportados a Oriente Medio en lugar de ser utilizados en Corea del Norte. La infraestructura y el sistema de entrega deficiente ralentizaron el progreso y el movimiento de equipos y suministros.

Corea del Norte no tiene petróleo ni gas propio. Tiene carbón antracita, que es la forma más dura de carbón. Eso requiere la construcción de minas y requiere la construcción de equipos pesados para extraer el carbón de la tierra y transformarlo en combustible aceptable. Por ello se importó maquinaria de estilo occidental y se adoptaron algunos de los estilos de gestión de esos países, incluyendo China, la Unión Soviética e incluso Corea del Sur. También se actualizaron los sistemas de transporte y se progresó en la automatización. La educación se amplió para capacitar a técnicos y especialistas en los campos de la ingeniería de combustible, electrónica, mecánica y automatización.

En la década de 1970, Corea del Norte estaba en bancarrota. La falta de mantenimiento del equipo más la falta de habilidades para hacerlo provocaron el cierre de algunas fábricas. Debido a que gastan la mayor parte de su dinero en defensa y en el ejército, la economía se estancó. Las estimaciones indican que hasta el cuarenta por ciento de sus ingresos van destinados a la fabricación de armas. En 1993, Corea del Norte estableció la zona económica especial de Rason, que promovía la inversión extranjera. Hubo cierta mejora en las ventas y los ingresos, pero sus estructuras aún no están desarrolladas. La mayor parte de su comercio es con China, que representa el noventa por ciento de sus importaciones. La renta per cápita de Corea del Norte es de solo 1.700 dólares estadounidenses.

La asistencia económica provino de China y la Unión Soviética, pero la Unión Soviética comenzó a exigir moneda fuerte para sus importaciones, incluido el petróleo. En la década de 1990, China también redujo sus importaciones. Después de la división de la Unión Soviética en 1991, sus importaciones también disminuyeron. Junto con los desastres naturales, como las inundaciones y las sequías, Corea del Norte se vio abocada a una crisis económica.

En 1993, los norcoreanos anunciaron que habían acabado un reactor nuclear de agua ligera, capaz de producir diez millones de kWh (kilovatios hora) de electricidad al año. Luego experimentaron con el reactor de agua ligera para enriquecer uranio, que es necesario para convertirlo en un arma. El proceso es lento, pero una centrifugadora de gas es más eficiente. Sin embargo, no ha habido noticias de centrifugadoras de gas en Corea del Norte. El Organismo Internacional de Energía Atómica quería inspeccionar sus instalaciones, específicamente el Centro de Investigación Científica Nuclear de Nyongbyon, pero Kim Il-sung declinó la petición. Pakistán, que posee armas nucleares, admitió en 2005 que vendieron cierta tecnología nuclear a Corea del Norte durante la década de 1970 que podría utilizarse para fabricar armas nucleares.

Falta de electricidad

En 1990, Corea del Norte tenía algo de electricidad, que era alimentada por el carbón, el petróleo y las plantas hidroeléctricas. A medida que las condiciones políticas cambiaban en China y Rusia, su producción eléctrica disminuyó severamente. Los norcoreanos utilizan paneles solares para generar la electricidad que pueden, pero los días nublados y lluviosos disminuyen el rendimiento de esos paneles. Las fotos satelitales tomadas por la noche revelan la escasez de electricidad. La península de Corea muestra a Corea del Sur y China bien iluminadas por la noche, pero Corea del Norte está casi totalmente oscura.

Armamento nuclear

El armisticio propició la proliferación de armas nucleares en Corea del Norte o Corea del Sur. Los Estados Unidos declararon poco después del armisticio que no necesariamente respetarían el párrafo que prohíbe las armas nucleares. Entre 1958 y 1991, Estados Unidos almacenó armas nucleares en Corea del Sur.

Corea del Sur se replanteó la construcción de nuevos misiles nucleares y llevó a cabo una prueba. Después de volver a examinar el asunto, Corea del Sur decidió no hacerlo. En 1968, Corea del Sur y Corea del Norte firmaron el Tratado sobre la no proliferación de armas nucleares. Estados Unidos retiró sus armas nucleares de la península de Corea, pero en 2003, Corea del Norte se retiró del acuerdo de no proliferación y desde entonces ha comenzado a realizar pruebas nucleares.

En 2006, Corea del Norte anunció que había lanzado su primera prueba nuclear exitosa bajo tierra. La explosión fue confirmada por lecturas sísmicas tomadas en Occidente. Occidente reaccionó con vehemencia. Y Corea del Norte, que necesitaba desesperadamente envíos de petróleo porque tenían embargos colocados en él, indicó que estaba dispuesta a cerrar su estación de investigación nuclear en Nyongbyon. Se llevaron a cabo reuniones entre Corea del Norte, Corea del Sur, China, Japón, Rusia y Estados Unidos. Sin embargo, las conversaciones se suspendieron cuando Corea del Norte llevó a cabo otra prueba nuclear en 2009.

En 2011, Kim Jong-il murió de un presunto ataque al corazón, y su muerte fue celebrada con un gran funeral. Los psicólogos lo definieron como paranoico, antisocial y narcisista. Más tarde fue llamado la "Estrella Brillante", y su cuerpo es preservado y exhibido en el palacio conmemorativo Kumsusan de Pyongyang. Fue sucedido por su hijo, Kim Jong-un, que ha llevado a cabo sus políticas.

En 2010, Corea del Norte experimentó con un tipo diferente de reacción nuclear. La reacción nuclear tradicional es la de la fisión nuclear, donde un átomo queda dividido por el bombardeo de neutrones de alta energía (sin carga) partículas. Esto desencadena una reacción en cadena, y las consecuencias radiactivas son inmensas, como la que ocurrió en Nagasaki e Hiroshima durante la Segunda Guerra Mundial. La fusión es otro tipo de manipulación del átomo en el que se combinan átomos más ligeros. Esto produce una enorme cantidad de energía y es similar al tipo de reacciones nucleares en el sol. La reacción es enorme, más que la de una bomba atómica, aunque produce mucha menos radiactividad. Las bombas de hidrógeno utilizan el átomo de hidrógeno para la fusión. Los expertos que analizaron las supuestas consecuencias, sin embargo, dudan de que la prueba fue el resultado de una fusión.

En 2012, bajo Kim Jong-un, Corea del Norte acordó suspender sus programas de enriquecimiento de uranio. Tenía el incentivo de recibir ayuda alimentaria de los Estados Unidos. Sin embargo, más tarde ese mismo año, Corea del Norte armó una ojiva nuclear contra un misil antibalístico y la probó. En respuesta, esos paquetes de ayuda alimentaria fueron cancelados.

En 2017, China anunció que suspendería todos los envíos de petróleo a Corea del Norte, un combustible que habían utilizado para generar electricidad y como gasolina para los pocos automóviles que había fabricado. Poco después de esto, Corea del Norte lanzó cuatro misiles balísticos, que aterrizaron en el mar de Japón. Más tarde el mismo año, Corea del Norte lanzó dos más, pero explotaron poco después de ser lanzados. A finales de ese año, Corea del Norte tuvo éxito y afirma que ahora tiene la capacidad de lanzar un misil que podría golpear el continente de los Estados Unidos.

En 2003, seis naciones -China, Japón, Estados Unidos, Rusia, Corea del Norte y Corea del Sur- se reunieron para resolver la cuestión nuclear. Aún no se ha formulado ningún acuerdo, pero se ha establecido un marco para los debates. Se volvieron a encontrar en 2009, pero nada se resolvió. En 2018, Kim Jong-un anunció que estaba comprometido con la desnuclearización de la península de Corea.

A partir de 2019, el Boletín de Científicos Atómicos, una organización sin fines de lucro preocupada por cuestiones de seguridad global, estima que Corea del Norte tiene entre veinte y treinta armas nucleares. En octubre del mismo año, Kim Jong-un, el presidente de Estados Unidos, Donald Trump, y el presidente surcoreano Moon Jae-in celebraron varias reuniones sobre la cuestión nuclear y la resolución final de la guerra de Corea, pero aún no se ha llegado a ningún acuerdo.

Armas biológicas y químicas

En 1989[OBJ]

Gobernantes

Kim Il-sung fue el primer ministro de Corea del Norte y gobernó de 1948 a 1972. Después de 1972, su título fue cambiado a presidente, y permaneció en el poder hasta su muerte en 1994. Había pasado la mayor parte de su vida en el ejército y dirigió su país de esa manera. Era austero y muy rígido. Para ejercer su poder, Il-sung permaneció como jefe del Partido de los Trabajadores de Corea de por vida e hizo que otros se unieran a él. Aunque defendió el principio de "autosuficiencia" y prefirió el aislacionismo, el país carecía de los recursos naturales para suministrar todos los alimentos y aceites que necesitaba. Por lo tanto, fue necesario abrir las relaciones comerciales con otros países, aunque de manera restringida. En 1994, firmó el Marco Acordado con los Estados Unidos según el cual Corea del Norte se abstendría de producir armas nucleares a cambio de que una empresa externa construiría dos reactores nucleares de agua ligera para la producción de electricidad. En 1983, Corea del Norte intentó asesinar al presidente Chun Doo-hwan de Corea del Sur y bombardeó el vuelo 858 a Seúl desde Irak. Estados Unidos y otros países impusieron sanciones a Corea del Norte por este acto.

Kim Il-sung fue sucedido por su hijo, Kim Jong-il. Él no asumió el título de presidente porque eso estaba reservado para el primer presidente, su padre, al que se conoce como el "Presidente Eterno". Por lo tanto, Jong-il se convirtió en el presidente de la Comisión de Defensa Nacional. Su objetivo era la mejora de las relaciones entre las dos Coreas, y se reunió con el presidente surcoreano Kim Dae-jung para discutir esas posibilidades. En 1999, los Estados Unidos acordaron levantar algunas de las sanciones contra el país a cambio de que dejara de probar un misil de largo alcance. Por apariencias externas, parecía que Jong-il estaba respetando el Marco Acordado que su padre había firmado, pero los informes de inteligencia de alto nivel indicaban lo contrario. En 2003, Jong-il anunció la detonación de una prueba de armas nucleares subterráneas. Estados Unidos y Corea del Norte intentaron escribir otro acuerdo en 2007, pero quedó en suspenso. En 2011, Kim Il-sung murió, y fue sucedido por su hijo, Kim Jong-un.

Kim Jong-un, al igual que su abuelo, utilizó la práctica de eliminar a sus rivales o a aquellos dentro de su administración que le disgustaran. Cuando Kim Jong-un asumió el poder, su tío, Jang Song-thaek, había estado sirviendo como director del departamento de Trabajo Juvenil dentro del Comité Central del Partido de los Trabajadores de Corea (PTC). Más tarde se convirtió en miembro del

Comité Central del PTC y se sugirió que podría ser el próximo sucesor de Corea del Norte después de Kim Jong-il.

Song-thaek fue visto de nuevo en marzo de 2006 y más tarde se convirtió en el vicedirector del PCT y el vicecomisario de la Comisión Nacional de Defensa. En 2013, promulgó la construcción de un puente sobre el río Yalu, pero estuvo ausente en la ceremonia de inauguración. Los rumores de los observadores indicaron que Kim Jong-un estaba disgustado por lo que él percibía como relaciones cordiales de Song-thaek con China. Entonces se produjo una disputa sobre el control de los derechos de pesca entre los pescadores chinos y coreanos, que Song-thaek finalmente no pudo controlar. Además, los desertores de Corea del Sur dijeron que Song-thaek bebía mucho y más de una vez hizo comentarios sobre la mortalidad por causa del hambre en Corea del Norte. En 2013, Kim Jong-un hizo que arrestaran a su tío. Fue juzgado por un tribunal militar especial y sentenciado a ejecución. Song-thaek fue arrastrado a un patio y asesinado con ametralladoras antiaéreas, y después su cuerpo fue quemado. Dos de sus ayudantes, Ri Ryong-ha y Jang Su-gil, también fueron masacrados de la misma manera.

Muchos otros miembros influyentes del gobierno norcoreano han sido asesinados en los últimos años. En 2014, O Song-hon, que trabajaba para Jang Song-thaek, había seguido sus órdenes de crear un brazo separado de seguridad con fines comerciales. Fue ejecutado por un pelotón de fusilamiento. Un compañero de trabajo, Pak Chu-hong, también fue ejecutado. En 2015, Choe Yong-gon, uno de los viceministros de Corea del Norte y el viceministro de construcción, fue ejecutado después de haber tenido una discusión con Kim Jong-un sobre un tema relacionado asuntos forestales; en realidad desapareció de la vida pública, por lo que se desconoce qué le pasó. En 2016, el máximo funcionario educativo de Kim Jong-un, Kim Jong-jin, fue ejecutado por un pelotón de fusilamiento por ser tachado de "antipartidista y contrarrevolucionario" por mostrar una mala actitud durante una reunión de la Asamblea Nacional.

Derechos Humanos en Corea del Norte

La libertad de expresión está restringida, y la crítica al gobierno está prohibida. Si uno se pronuncia en contra del gobierno o de sus líderes, es enviado a campos de reeducación. La televisión, la radio y la prensa están controladas por el gobierno, ya que el elogio y la promoción del líder supremo del país se antepone a todo lo demás. Las películas y obras de teatro se hacen en torno al culto de la personalidad. Los periódicos controlados por el gobierno publican

La práctica de la religión no está técnicamente prohibida, pero no hay verdadera libertad de religión en el país, ya que los cristianos, en particular, son el blanco del país. Se dice que los cristianos en Corea del Norte son los más perseguidos en el mundo. El cristianismo, así como otras religiones, se practica en secreto. Las únicas religiones que son algo aceptadas son el budismo y el confucianismo.

Todas las organizaciones benéficas y no gubernamentales son cuidadosamente examinadas. Cualquier persona que se encuentre haciendo proselitismo o practicando religiones es encarcelada y sometida a un duro tratamiento. Las estimaciones de prisioneros religiosos son de unas 60.000 personas. Algunos templos budistas permanecen, pero son vistos principalmente como parte de la historia del país y no participan activamente en el culto o las prácticas religiosas. Hay cinco iglesias en Pyongyang: tres protestantes, una ortodoxa rusa y una católica. Están allí para los extranjeros y con fines propagandísticos.

Los viajes están severamente restringidos, y las vistas de las ciudades desde arriba muestran calles perfectamente dispuestas pero vacías. Hay poco suministro de combustible, y solo tienen vehículos las élites. A la gente no se le permite trasladarse o moverse libremente por todo el país, aunque algunas personas han logrado huir del país. Aquellos que son obligados a regresar a Corea a menudo son golpeados y enviados a campos de prisioneros, ya que son considerados como desertores. La inmigración y la emigración se ven limitadas, y cualquier persona que regrese de China, en particular, es castigada.

Capítulo 10 – Corea del Sur

Como cualquier país, la historia de Corea del Sur no es perfecta. En 1949, justo antes del estallido de la guerra de Corea, varias divisiones del ejército surcoreano masacraron a civiles desarmados en la provincia de Gyeongsang del Norte en Corea del Sur, que se encuentra en la costa oriental. Entre las víctimas se encontraban mujeres, niños, todos ellos acusados de ser simpatizantes comunistas. El gobierno surcoreano que estaba bajo el mando de Syngman Rhee, el recién elegido presidente de Corea del Sur, culpó a la facción guerrillera de Kim Il-sung de ser la responsable. Pero no fue así. Muchos años más tarde, Corea del Sur admitió su participación en la masacre, que acabó con la muerte de 75 personas.

Inicios pedregosos

En 1948, Syngman Rhee fue elegido presidente de la Primera República de Corea. A pesar de su compromiso declarado con la democracia, Rhee era autocrático. Y había sido acusado de corrupción y de matar a sus oponentes políticos. Cuando fue elegido para su cuarto mandato en 1956, los estudiantes de la ciudad portuaria de Masan se rebelaron, alegando que las elecciones estaban amañadas. Los estudiantes organizaron una enorme revuelta, que se extendió a la capital de Seúl. El cuerpo de un estudiante fue encontrado flotando en el río junto con 186 cuerpos, algo que provocó la indignación. Se impuso la ley marcial, y Rhee renunció, huyendo a Hawái para vivir en el exilio.

En 1960, Yun Posun fue elegido presidente de la Segunda República de Corea, ya que las protestas masivas habían establecido un nuevo gobierno parlamentario. Posun era más un títere que cualquier otra cosa, porque el verdadero poder estaba con el primer ministro. Ninguno de los dos pudo ganarse la lealtad de ninguno de los principales partidos políticos, y ello dejó al gobierno en una situación difícil, especialmente porque la economía estaba sufriendo debido a la corrupción del gobierno anterior. El general de División Park, Chung-hee, formó el Comité Revolucionario Militar, con el objetivo de derrocar al gobierno. En mayo de 1961, organizó un golpe de Estado para derrocar al gobierno de Yun Posun y poner un gobierno militar en su lugar. Esto dio paso a la Tercera República de Corea del Sur, que era, en la práctica, una dictadura. Fue gobernada por el Partido Republicano Demócrata y el Consejo Supremo, así como Park Chung-hee, aunque Yun Posun permaneció como presidente hasta 1962.

En 1963, Park fue elegido presidente por un estrecho margen sobre Yun Posun, y en 1967, fue reelegido para otro mandato. La Asamblea Nacional, que, en su mayor parte, favoreció a Park, aprobó una enmienda extraordinaria que permitía a Park presentarse a un tercer mandato. Se presentó contra Kim Dae-jung y ganó por una pequeña mayoría. En 1971, Park declaró el estado de emergencia. Indicó que lo hacía debido a las "peligrosas realidades de la situación internacional", pero lo más probable es que fuera un esfuerzo por reorganizar el gobierno de tal manera que pudiera asumir algún tipo de control dictatorial sobre el país.

Durante este tiempo, Park se reunió con Kim Il-sung de Corea del Norte para discutir la reunificación de Corea. En previsión, pidió hacer reformas para revitalizar el gobierno. Comenzó con la formación de una conferencia compuesta por unos 2.500 miembros electos que servirían durante seis años. Anunció la inauguración de la

Constitución de Yushin, pero sólo tenía la intención de dar poderes dictatoriales a Park. En 1972, después de la aprobación de la constitución, se fundó la Cuarta República de Corea, otorgándole los poderes que quería. La Constitución de Yushin prohibió cualquier crítica a Yushin y permitió a Park arrestar a cualquiera que se opusiera a ella. También eximió a las personas de bajos ingresos de impuestos y prohibió a las organizaciones estudiantiles conocidas y cerró sus escuelas.

En 1973, el antiguo oponente presidencial de Park, Kim Dae-jung, fue secuestrado en Japón, donde había estado viviendo, y llevado a Seúl. Los que estaban en el poder pensaron que fue una reacción a sus críticas por los intentos de Park Chung-hee de apoderarse de los poderes dictatoriales. Los seguidores de Dae-jung temían por su bienestar, y la oposición contra Park continuó creciendo entre la gente hasta que se convirtió en una crisis importante.

En 1975, un gran grupo de la oposición, que intentaba revivir el Partido Revolucionario del Pueblo, fue arrestado por el Servicio Central de Inteligencia de Corea. Fueron acusados de intentar establecer un estado socialista. Mil veinticuatro personas fueron arrestadas, sin órdenes judiciales, y 253 de ellas fueron encarceladas. Menos de cinco días después, ocho de los líderes fueron condenados a muerte, y dieciocho horas después, fueron ejecutados.

En octubre de 1979, el propio Park fue asesinado por el jefe del Servicio Central de Inteligencia de Corea. Al día siguiente fue declarada la ley marcial, y Choi Kyu-hah, el primer ministro, intervino como presidente interino y fue elegido oficialmente como presidente en diciembre. Poco después, el general de división Chun Doo-hwan dirigió un golpe de estado. Y a principios de 1980 los rebeldes controlaban básicamente el gobierno. Choi fue nombrado jefe de la Agencia Central de Inteligencia de Corea en abril de 1980, y en mayo, declaró la ley marcial y se convirtió en el líder indiscutible. Estallaron protestas y el país estaba en caos.

Levantamiento de Gwangju

Cuando chun Doo-hwan declaró la ley marcial, las universidades fueron cerradas. Alrededor de 200 estudiantes enfurecidos se congregaron en las puertas de la Universidad Nacional de Chonnam el 18 de mayo de 1980. Rápidamente, una unidad de paracaidistas llegó para dispersar a la multitud. La turba se movió por la calle principal y continuó creciendo hasta que la multitud alcanzó un número estimado de 2.000 manifestantes. Cada vez más soldados fueron enviados, y el episodio estalló en violencia. Las tropas golpearon a los manifestantes e incluso dispararon contra ellos. La protesta se extendió no solo a los estudiantes, sino también a la población en general, que se opuso a la rigurosidad de la nueva administración. Llegaron autobuses cargados de manifestantes, y la gente inundó las calles. Los ciudadanos incluso tomaron armas de comisarías y armerías. Un comité compuesto por clérigos, abogados y profesores reorganizó la multitud masiva en dos grupos, el Comité de Conciliación Estudiantil y el Comité de Conciliación Ciudadana. Sin embargo, estos grupos no pudieron hacer ningún progreso en la negociación con el ejército.

La protesta se extendió a otras provincias, como Naju, Hwasan, Haenam, Mokpo, Yeongam, Muan y Gangjin. Las fuerzas del ejército fueron enviadas entonces para sofocar la insurrección en esos sectores. El 27 de mayo, después de nueve días de intensos combates y protestas, la rebelión fue reprimida en Gwangju. No hay un número universalmente aceptado de muertos por este trágico incidente. Las cifras oficiales publicadas por el gobierno indicaron que el número de muertos de población civil fue algo menos de 150. Sin embargo, se cree que la cifra de muertos está más cerca de 1.000 o incluso 2.000 personas.

Chun Doo-hwan se convierte en presidente

Después de que el jefe de inteligencia, Choi, dimitiera en agosto, Chun Doo-hwan fue reconocido oficialmente como presidente. En marzo de 1981, el nombre del gobierno cambió de nuevo y pasó a ser la Quinta República de Corea del Sur, En realidad era una dictadura y un estado unipartidista bajo el Partido de la Justicia Democrática. A pesar de todo este caos político, la economía se expandió y Chun alteró el sistema de Park por el cual las decisiones económicas eran tomadas en los niveles más altos del gobierno. En cambio, consideró que estas decisiones debían depender de expertos familiarizados con el mercado. Se estableció una Junta de Planificación Económica. Muchos conservadores se resintieron por ceder el control. Debido a esa lucha, Dow Chemical, que tenía plantas en Corea del Sur, dejó el país. IBM también había considerado inversiones en Corea del Sur, pero la agitación política le hizo abandonar sus planes. Debido a la presión de grupos conservadores, Chun mantuvo una fuerte presencia gubernamental en el trabajo con las empresas, pero insistió en que hubiera consultores estadounidenses y europeos en Corea del Sur para ayudar en el desarrollo económico.

En 1982, la Junta de Planificación elaboró un plan quinquenal de expansión y contrató un *think tank*, que tuvo un aporte significativo de expertos empresariales extranjeros. Gracias a los esfuerzos de Chun para cerrar la brecha entre los enfoques tradicionales y liberales para manejar los asuntos comerciales internacionales, se alcanzaron compromisos. En un informe de la CIA publicado en 2018 sobre la economía de Corea del Sur en 1982, la conclusión fue positiva: "Creemos que la eficiencia general de la estructura de toma de decisiones económicas de Corea del Sur y las políticas en vigor permitirán al país alcanzar una tasa de crecimiento bastante buena en el próximo año". Según el Instituto de Economía Internacional, Corea del Sur experimentó lo que se llama una "economía milagrosa".

El camino a las elecciones libres

Con el tiempo, la Quinta República se convirtió lentamente en un estado democrático. En 1987, Chun Doo-hwan nombró a Roh Tae-woo como el cabeza del Partido de la Justicia Democrática, y le nombró presidente. Se produjeron protestas masivas en todo el país, y Roh prometió que se llevaría a cabo una elección presidencial directa, así como una constitución más democrática. Chun renunció como jefe del partido en julio de 1987, y la primera elección honesta que Corea del Sur había visto en veinte años tuvo lugar en diciembre, con Roh Tae-woo como ganador. Esto estableció la Sexta República de Corea, que es el gobierno actual.

Economía explosiva

Desde la década de 1960, Corea del Sur se expandió exponencialmente, salvo por algunas recesiones financieras. Las industrias fueron inicialmente impulsadas por enormes conglomerados familiares como Hyundai y Samsung. Debido a sus potenciales recursos financieros, se les dieron incentivos fiscales y financiamiento sin intereses. Los salarios de los trabajadores aumentaron constantemente y sus condiciones de trabajo mejoraron. El producto nacional bruto de Corea del Sur se duplicó en treinta años.

Debido a que el país carece de muchos recursos naturales, depende principalmente de las exportaciones. Se favoreció la inversión extranjera debido a la baja tasa de ahorro personal. Se alentó a las industrias y a las empresas para que se modernizaran para competir en el mercado global.

Uno de sus mayores negocios, incluso hoy en día, es la Hyundai Corporation. El fundador, Chung Ju-yung, comenzó el negocio como un garaje de reparación durante la ocupación japonesa de Corea. Más tarde fue reemplazado por una fábrica de acero y se vio obligado a dejar el negocio, pero había logrado ahorrar algo de dinero. Después de que Corea fuera liberada del control japonés, aprovechó las inversiones extranjeras para establecer la Hyundai Civil Industries Corporation junto con ingenieros estadounidenses. Después de la guerra de Corea, la compañía ayudó a reconstruir el país. Chung Ju-yung contribuyó con sus habilidades organizativas para ayudar a construir la presa de Soyang en 1967, la autopista Gyeongbu en 1968 y la central nuclear de Kori en 1972. En 1975, utilizando consultores de Europa, presentó su primer coche, el Hyundai Pony, siguiendo con el Hyundai Excel en 1986, un vehículo que todavía se vende hoy en día. En la década de 1990, Hyundai había adquirido ocho filiales financieras.

En 1984, el gobierno de Corea del Sur adoptó medidas que permitieron a Samsung expandirse en el mercado de los seguros. En 1988, cuando Roh Tae-woo era el presidente surcoreano, inició una compañía de tarjetas de crédito y más tarde compró una empresa de seguridad. En la década de 1990, también bajo la administración de Roh, Samsung se convirtió en una de las mayores compañías financieras no bancarias en el país.

Un gran competidor en el mercado de inversión financiera fue LG Corporation. Creó Goldstar Investment en 1982, Konghae Mutual Savings Bank en 1985 y LG Investment Trust en 1988.

Las empresas más grandes disponían de préstamos fácilmente, por lo que Samsung, LG Corporation y Hyundai participaron en la industria de semiconductores durante la administración de Roh. Samsung ya lo había hecho años antes, pero la calidad de sus equipos no estuvo a la altura de su competencia hasta que aprendieron más sobre la industria.

Industria de semiconductores

Con Park todavía estaba en el cargo, Corea desarrolló su propio sistema de conmutación digital, el TDX-1, y el gobierno lo convirtió en un producto patentado a través de su propio programa de investigación y desarrollo, el Instituto de Investigación en Electrónica y Telecomunicaciones (ETRI, por sus siglas en inglés). El sistema de conmutación digital se utiliza para la construcción de redes de telecomunicaciones. Bajo la administración de Roh Tae-woo y su sucesor, Kim Young-sam, la industria creó el VLSIC (chips de circuito de interfaz a gran escala) junto con el ETRI, llamado ETRI-VSIC. Samsung, así como los fabricantes privados más pequeños, añadieron un cable de fibra óptica a ese sistema, y con ello se aseguraron una gran parte del mercado global cuando el brazo empresarial de los organismos gubernamentales de Roh Tae-woo y Kim Young-sam liberalizaron las políticas comerciales. Una vez que fueron liberados de las restricciones gubernamentales, Samsung, Goldstar y Daewoo Electronics podían comercializar estos productos por todo el mundo. Sus competidores en el escenario mundial fueron AT&T, GED e IBM. Corea del Sur realmente se había convertido en una potencia empresarial del primer mundo.

En 1988, Corea del Sur hizo un avance monumental en la industria de semiconductores al adaptar la memoria dinámica de acceso aleatorio (DRAM) a su TDX-1, haciéndolo compatible con su sistema de conmutación digital. Esa tecnología no era exclusiva de los surcoreanos, pero fueron los primeros en hacerla adaptable.

El gobierno de Corea del Sur mantuvo acceso a todos estos avances tecnológicos, a diferencia de otros países con políticas exclusivas de libre empresa. Fue un beneficio para Corea del Sur, ya que necesitaban financiación patrocinada por el gobierno; sin embargo, también trajo consigo problemas por las regulaciones gubernamentales.

Desarrollo Industrial fuera de las telecomunicaciones

Además de la industria de las telecomunicaciones, Corea del Sur participa en la construcción naval. Los conglomerados habituales fueron los primeros en entrar en este campo: Hyundai Heavy Industries, Daewoo Shipbuilding and Marine Engineering, y Samsung Heavy Industries. La minería es una industria mucho más pequeña pero importante en Corea del Sur porque puede suministrar los minerales más preciados: tungsteno, grafito, carbón y molibdeno, un metal plateado con un alto punto de fusión que es útil en la fabricación de aleaciones metálicas.

La Korea Railroad Corporation, Korail, es un sistema ferroviario de alta velocidad que está mucho más adelantado que su antepasado, el Ferrocarril Nacional de Corea, fundado en 1963. En 2005, se dividió en la Autoridad de la Red Ferroviaria de Corea y Korail. Los ferrocarriles son una red compleja que opera trenes interurbanos, de cercanías y de carga.

Obstáculos al comercio superados

El gobierno bajo Chun Doo-hwan, así como los presidentes anteriores, tuvo una política firme en la creación de barreras proteccionistas para el comercio abierto. En el mercado de las telecomunicaciones, en particular, Corea del Sur fue muy lento al eliminar esas barreras, muchas de las cuales tenían que ver con las regulaciones que tenían que utilizar sus propios equipos de inspección.

De 1998 a 2003, el presidente surcoreano Kim Dae-jung hizo hincapié en la economía por encima de todo. La tasa de crecimiento fue del diez por ciento en 1999 y del 9,2 por ciento al año siguiente. Las empresas más grandes fueron reestructuradas para reducir los monopolios, dando más oportunidades a otros desarrolladores. Se firmaron algunos acuerdos de libre comercio en el marco de Kim Dae-jung, incluido el Tratado de Libre Comercio Entre Corea y Australia.

Durante el período de recesión de 2008 a 2009, Corea del Sur la sufrió como lo hizo el resto del mundo. Después de que algunas industrias en bancarrota abandonaran el mercado, Corea del Sur todavía pudo recuperarse.

Corea también sufrió una crisis financiera en 1997, pero su fama como país industrial bien desarrollado ayudó a que pudieran obtener un préstamo del Fondo Monetario Internacional. Esta sacudida económica llevó a la pérdida de la candidatura de Kim Young-sam y a la posterior elección de Kim Dae-jung en 1998. Kim Dae-jung recibió el Premio Nobel de la Paz en 2000 por su política *Sunshine*, que hizo hincapié en la comunicación con Corea del Norte, ya que Corea del Norte se enfrentaba a la bancarrota y al hambre en ese momento. Kim Dae-jung es el único coreano que ha ganado un Premio Nobel hasta ahora.

La Ola coreana

En el siglo XXI, Corea del Sur se convirtió en un importante exportador de la cultura popular, dando lugar a lo que se llama la ola coreana, que comenzó en la década de 1990. El gobierno de Corea del Sur otorga subsidios a su arte y música, no solo por el bien del entretenimiento, sino para darse a conocer como país independiente. En 1999, la primera película de gran presupuesto de Corea del Sur, *Shiri*, se convirtió en un éxito de taquilla e incluso superó el récord de taquilla de *Titanic* en Corea del Sur.

En 1999, la música K-pop se hizo increíblemente popular en Internet, principalmente a través de YouTube. En 2016, el ochenta por ciento de los videos musicales que circulaban por Asia se habían hecho en Corea o contaban con artistas coreanos. Fuera de estas fronteras, los Estados Unidos se convirtieron en uno de los mayores consumidores de música K-pop. Aunque contiene elementos de influencias chinas y japonesas están presentes en esta música, pero es un estilo único de Corea.

La Ola coreana también arrasó China. En 2000, la banda coreana H.O.T. (*Highfive of Teenagers,* en inglés) estaba arrasando en China junto con *Super Junior*. Uno de los grupos de K-pop más exitosos de 2016 fue *Big Bang*, que ganó casi 44 millones de dólares americanos.

Los dramas románticos coreanos se muestran en todo el este de Asia, incluyendo Nepal y Sri Lanka. En la India, las películas coreanas estaban prohibidas, pero fueron difundidas a través del mercado negro. La cólera entre los jóvenes no puede detenerse.

Los restaurantes coreanos también se hicieron populares en otros países. *Kimchi*, un plato tradicional coreano, fue servido en la Casa Blanca cuando gobernaba Barack Obama. Corea también ha comprado numerosos centros turísticos en los Estados Unidos y tiene algunos de los mejores campos de golf del país.

Los consumidores chinos gastan miles de millones de dólares de cosméticos y productos para el cuidado de la piel fabricados en

Corea. Corea tiene productos de belleza cuidadosamente elaborados para adaptarse a los diversos tonos de la piel asiática, por lo que es muy deseable.

Situación política en el siglo XXI

El presidente Lee Myung-bak de Corea del Sur se reunió con el presidente George W. Bush en 2008. Entre los temas que discutieron se encuentran soluciones para la recesión mundial que se estaba produciendo durante ese tiempo, así como las relaciones diplomáticas. En sus debates, Lee y Bush acordaron levantar la prohibición de las importaciones de carne de vacuno debido a los temores infundados de la "enfermedad de las vacas locas".

También hubo controversias dentro del Gabinete. Lee resolvía estos problemas reorganizando a los funcionarios e implementando reformas industriales y administrativas. Más tarde Corea del Sur tomó contacto con el resto del mundo celebrando una cumbre en Seúl con otros países asiáticos.

Park Geun-hye ejerció como presidente del 2013 al 2017. Fue la primera mujer presidenta del país, así como la primera presidenta en nacer después de que Corea del Sur fuera fundada oficialmente. Una serie de escándalos que la involucraban a ella y a su administración salieron a la luz y fue acusada. El primer ministro Hwang Kyo-ahn intervino como presidente interino. Aunque su período de servicio fue corto, se centró en la seguridad contra Corea del Norte en la Línea Límite del Norte, que fija la frontera marítima en el mar Amarillo entre Corea del Norte y Corea del Sur para evitar cualquier incidente. Después de su mandato como presidente interino, Hwang Kyo-ahn se unió al Partido de la Libertad Coreana, convirtiéndose en el presidente del partido a principios de 2019. Este partido se opone a la Política del Sol, que ayuda a mejorar las relaciones con Corea del Norte, y que está resurgiendo bajo el actual presidente surcoreano, Moon Jae-in.

Moon Jae-in fue elegido en 2017, y además de favorecer la política *Sunshine*, apoya una propuesta para construir un gasoducto de gas natural que se comenzaría en Rusia y pasaría por Corea del Norte y Corea del Sur. Sin embargo, está muy preocupado por los recientes lanzamientos de misiles balísticos intercontinentales en Corea del Norte. Antes de su elección, Moon se opuso a una propuesta con los Estados Unidos para el uso del THAAD, el sistema de defensa de área de alta altitud terminal, que fue diseñado para destruir cualquier misil entrante. Sin embargo, cambió de opinión después de las elecciones y llegó a un acuerdo con Estados Unidos para establecer un sistema temporal para la defensa de Corea del Sur. Su objetivo es la eventual reunificación de Corea del Norte y del Sur y la no proliferación de armas nucleares. Moon y Kim han tenido dos reuniones confidenciales sobre la reunificación hasta la fecha.

Aunque es proestadounidense, Moon Jae-in ha presentado algunas reservas. "Soy pro EE. UU., pero ahora Corea del Sur debería adoptar una política diplomática en la que pueda discutir una solicitud y decir 'no' a los estadounidenses". Todavía reconoce a Estados Unidos como país amigo, pero quiere estar seguro de que Corea del Sur toma la delantera.

Conclusión

Corea comenzó como una pequeña y humilde península que sobresale en el mar Amarillo. Al principio, fue el hogar de muchos clanes, lo que provocó sangrientas rivalidades que fueron atenuadas gracias a una población trabajadora con personas independientes y de libre pensamiento que querían ser libres de la influencia de las enormes dinastías de China. Aunque a veces se vieron obligados a buscar la ayuda de esas dinastías, los coreanos fueron muy selectivos con quién elegían interactuar. El comercio era su objetivo inicial, así como deshacerse de las furiosas tribus nómadas que querían apoderarse de su bien más preciado: sus granjas y su cultura única. Eran personas prácticas comprometidas con la supervivencia y rechazaban la intrusión de aquellos que querían asimilarlos. Tras ser objeto de incursiones de otros grupos nómadas y naciones beligerantes del Pacífico, tomaban lo más valioso de esas otras culturas y rechazaban lo que no se adaptaba a sus creencias budistas y confucianas.

Los coreanos sobresalen en inteligencia e innovación, y Corea del Sur es la tercera fuerza económica más grande en la región del Pacífico después de China y Japón hoy en día. Se aislaron por un tiempo, pero finalmente se comprometieron a aceptar la ayuda de otras naciones industriales sin convertirse en imitadores de esas culturas.

Actualmente, Kim Jong-un en Corea del Norte y Moon Jae-in en Corea del Sur están dando pasos hacia la reunificación del país. En 2018, Corea del Sur fue sede de los Juegos Olímpicos de Invierno, en los que Corea del Norte participó. Además, las familias separadas de ambos bandos han tenido varios eventos de reunión, donde pudieron socializar con miembros que ni siquiera habían podido conocer hasta entonces. El presidente surcoreano Moon Jae-in ha propuesto que 2045 podría ser el año en que las dos partes del país se unificarán de nuevo.

Vea más libros escritos por Captivating History

Referencias

Choy, B. (2012). *Corea: Una historia*. Tuttle Publishing Company.

Ho, J., Gamarra, E.R. (2016). *La Sabiduría Agrícola Globalmente Importante en el siglo XV en la Corea Choson*. La Academia de Estudios Coreanos.

Jho, W. (2013). *Construyendo Mercados de Telecomunicaciones: Evolución de la Gobernanza en el Móvil Coreano*. Libros Springer.

Kim, J. (2012). *Una historia de Corea: De "Tierra de la calma de la mañana" a los estados en conflicto*. Prensa de la Universidad Estatal de Indiana.

Kim, M. (2014). *Ley y Costumbre en Corea: Historia Jurídica Comparada*. Cambridge University Press.

Kim, Bumsheol *Desarrollo socioeconómico en la Edad del Bronce*. Obtenido de https://scholarspace.manoa.hawaii.edu/bitstream/10125/55550/07_AP_54.1kim.pdf

Confucianismo coreano. Obtenido de http://intl.ikorea.ac.kr/korean/UserFiles/UKS3_Korean_Confucianism_eng.pdf

Lee, P. (ed.) (1983). *Antología de la Literatura Coreana: Desde la era más temprana hasta el siglo XIX*. Prensa de la Universidad de Hawái.

Mintz, Gordon (ed.), Ra Hung Ha (trans) (2006). *Samguk Yusa: La historia de los tres reinos.* Pagoda de la Seda.

El milagro con un lado oscuro. Obtenido de https://www.piie.com/publications/chapters_preview/341/3iie3373.pdf "El milagro con un lado oscuro", 1980 De reformar Corea.

Park, E. B., Jackson, B. (trans) (2017). *Cartas de Corea,* Vol. 2. Cum Libro.

Pulsik, K. Shutz, E. (ed.) (2011). *Los Anales Koguryo del Samguk Sagi.* Academia de Estudios Coreanos.

Rawski, E. S. (2015). *China moderna y el noreste de Asia: Perspectivas transfronterizas.* Cambridge University Press.

Shin, J. S. (2014) *A Brief History of Korea,* Vol. 1: *El Espíritu de las Raíces Culturales Coreanas* (2005). Ewa Women's University Press.

Tang, L, Winkler, Dietmar (ed) (2017). *Tesoros Ocultos y Encuentros Interculturales.*

Tennant, R. (2012). *Historia de Corea.* Routledge.

www.ingramcontent.com/pod-product-compliance
Lightning Source LLC
LaVergne TN
LVHW041642060526
838200LV00040B/1673